Von Aschermittwoch bis Ostern

Ein praktischer Begleiter für jeden Tag

Herausgegeben und erzählt von Ulrich Peters

Herder

Freiburg · Basel · Wien

Für Oma Peters.
Sie beherrscht eine königliche Kunst.

Quellenverzeichnis
S. 17 Shah, aus: Idries Shah, Das Geheimnis der Derwische.
Geschichten der Sufimeister. © Herder, Freiburg i.Br. 4. Auflage 1984
S. 37 Zenetti: © by Lothar Zenetti
S. 54 Biermann, aus: Wolf Biermann, Nachlaß 1.
© by Kiepenheuer & Witsch, Köln 1977
S. 67 Willms, aus: Wilhelm Willms, lichtbrechung. geistliche Lyrik.
© Butzon & Bercker, Kevelaer 1982
S. 86 Gräf: © by Josef Gräf

Wir danken alle Rechteinhabern und Verlagen für die freundliche
Genehmigung zum Nachdruck. Trotz nachdrücklicher Bemühungen
ist es uns nicht gelungen, alle Rechteinhaber zu ermitteln. Wir bitten
diese daher um Verständnis, wenn wir gegebenenfalls erst
nachträglich eine Abdruckhonorierung vornehmen können.

Bildnachweis
S. 48/49, 68/69: Klaus Ender
S. 40/41: Norbert Lechleitner
S. 8/9, 18/19, 30/31, 58/59, 82/83: Ulrich Peters

Nicht mit Autorennamen versehene Beiträge
stammen vom Herausgeber,
die Meditations- und Körperübungen
von Claudia Peters

Umschlagfoto: Claus Mayer, Essen
Alle Rechte vorbehalten - Printed in Germany
© Verlag Herder Freiburg i. Br. 1994
Layout: Dietmar Prill
Reproduktionen: Rete GmbH, Freiburg i. Br.
Herstellung: Freiburger Graphische Betriebe 1994
ISBN 3-451-23319-3

Inhalt

Sensibel leben

oder

Weniger ist mehr

Aufbruch aus der Asche

Aschermittwoch – die Masken fallen, der Alltag hat uns wieder. Seit Jahrhunderten brechen Menschen an diesem Tag auf, um sich auf den Weg nach Ostern zu machen. Seit jeher liegt ein großer Ernst über diesem Tag, aber auch ein ebenso großes Versprechen. Die Zeit, die mit diesem Tag beginnt, ist nämlich nicht allein von einer elementaren Einfachheit geprägt, sondern ebenso von einer tiefgreifenden Erneuerung und Erfrischung der Lebenskräfte.

Die Sonne vertreibt mit ihrer Wärme den Winter, Eis und Schnee beginnen zu tauen, erste Knospen brechen auf, und die Natur erwacht zu neuem Leben. Wie sonst kaum im Laufe eines Jahres läßt sich jetzt erleben, wie eng Tod und Leben miteinander verbunden sind und wie sehr das Leben ein Prozeß beständigen Wandels ist. Die Erfahrung, daß dort neues Leben blüht, wo im Winter alles tot zu sein schien, der Durchbruch unverbrauchter, frischer Lebenskraft läßt hautnah begreifen, was es heißt, sich auf Ostern vorzubereiten.

Der Weg von Aschermittwoch bis Ostern ist ein Weg zum Leben. Das Bild des Aschenkreuzes, das den Christen in den katholischen Kirchen an diesem Tag auf die Stirn gezeichnet wird, macht das geradezu körperlich spürbar. Die Asche ist gleichermaßen Symbol der Vergänglichkeit wie des Wandels. Sie erinnert daran, daß nichts bleiben kann, wie es ist, sondern alles – auch meine eigene Existenz – Teil eines großen Geschehens ist, in dem sich das Leben in jeweils wechselnder Gestalt durchsetzt gegen alle Kräfte und Mächte, die es zu zerstören drohen.

Etwa seit dem 4. Jahrhundert gibt es den Brauch, sich fastend auf Ostern vorzubereiten. Daher erhielt diese Zeit ihre Namen. Früher nannte man sie Fastenzeit, heute spricht man von der österlichen Bußzeit. Diese Namen spielen auf die weithin in Vergessenheit geratene Weisheit an, daß die Konzentration auf einen einfacheren Lebensstil zu einer Verbesserung des Lebens führt und zu mehr Lebensqualität und Lebenstiefe.

Das Geheimnis des Weges von Aschermittwoch bis Ostern erschließt sich, wenn man ihn nicht nur als Idee begreift, sondern ihn wirklich mit Haut und Haaren geht und erfährt. Dann nämlich wird dieser Weg zu einem ganzheitlichen Erlebnis, das Körper, Geist und Seele zu gleichen Teilen umgreift und verwandelt. Er führt zu einer sensibleren Wahrnehmung der Welt, des eigenen Lebens und schließlich zur Neuentdeckung Gottes, der nichts so sehr will wie geglücktes und entfaltetes Leben für die ganze Welt und alle Menschen.

Fasten ist ein Prozeß
der Befreiung
zur Lebensfreude.
Es führt Menschen
zu einem neuen Lebensstil.
Phil Bosmans

Das Märchen vom Mehr

Es war einmal ein Königreich, in dem es niemanden an nichts fehlte. Die Bürger dieses Landes hatten alles, was sie sich nur denken konnten. Aber zufriedener waren sie darum nicht. Im Gegenteil, je mehr sie besaßen, desto unstillbarer wurde ihr Verlangen, noch mehr zu besitzen. Es war fast ein wenig unheimlich: „Mehr", scholl es durch die Kaufhäuser, „Ihr braucht mehr Essen und Kleidung." Mehr verhießen bunte Schilder und Plakate, mehr Wohlstand, mehr Glück. „Mehr", betonten die Minister des Königs, „wir brauchen mehr Wachstum". Mehr versprachen die Schulmeister, mehr Wissen und mehr Bildung.

Wo man auch hinsah, die Menschen wurden von immer mehr Mehr überflutet. Ja, sie drohten schließlich in diesem Mehr zu ertrinken. Was einmal als ein großes Versprechen begonnen hatte, wurde unmerklich zur Bedrohung. Weil aber alle immer mehr suchten, nutzen sie ihr ganzes Leben, um immer mehr zu bekommen – koste es, was es wolle. Und es kostete viel. Das ganze Königreich wurde Mittel zum Zweck. Menschen waren nicht mehr als Menschen interessant mit ihrem Lachen, ihrer Liebenswürdigkeit, ihren Träumen und ihren Tränen. Sie wurden zu Zahlen in Bilanzen. Die Natur wurde rücksichtslos benutzt und aufgebraucht. Die Schule diente in erster Linie der Vorbereitung des Geldverdienens.

Aber, merkwürdig, je mehr die Menschen anhäuften, desto weniger wußten sie sich an ihrem Besitz zu freuen. Es gab immer mehr Gold, aber die Menschen empfanden immer weniger Glück. Es gab ein beinahe unbegrenztes Wissen, aber die Menschen verstanden immer weniger. Es gab immer mehr zu essen, aber der Hunger nach Leben wurde immer größer.

Da geschah es eines Tages, daß der kleine König es satt hatte. „Es muß", so meinte er, „im Leben doch mehr als dieses Mehr geben" – und verweigerte, seine königliche Suppe zu essen. Die Minister und Höflinge hielten die Luft an. Das hatte es noch nicht gegeben. Ihr könnt euch sicher vorstellen, welch helle Aufregung herrschte. Der kleine König aber saß da, als ob ihn das alles gar nichts anginge, dachte nach und fand, daß es wie mit dem Atmen sei. Wer immer nur einatme und nie ausatme, müsse zwangsläufig irgendwann ersticken. „Es kommt nicht auf das Mehr an", sagte er sich, „sondern auf das Maß. Nicht einmal einem König bricht eine Zacke aus der Krone, wenn er bescheidener lebt. Im Gegenteil, Bescheidenheit ist eine königliche Kunst."

So kam der kleine König auf den Geschmack des Verzichtens. Je einfacher er seine Tage gestaltete, desto erfüllter wurde sein Leben. Er konnte sich plötzlich wieder an einer Tasse heißen, dampfenden Kaffees freuen, der er seine ganze Aufmerksamkeit widmete. Er genoß den Augenblick, machte ausgedehnte Spaziergänge und zog den frischen Atem tief in seine Lungen. Er nahm sich Zeit, in aller Ruhe ein Buch zu lesen, ein einzelnes Bild zu betrachten oder ein Gespräch zu führen. Je länger der König so lebte, desto anziehender wurde er für seine Untertanen. Sein Beispiel machte Schule. Schon bald war es eine Lust, in diesem Land zu leben, in dem tiefe Zufriedenheit und Freundlichkeit herrschten. Und wenn die Menschen in jenem Reich noch nicht gestorben sind, dann leben sie noch heute, um uns daran zu erinnern, daß weniger mehr ist und Verzichten reich macht.

Aktion F – Fastenzeit in der Familie

Gestalten Sie die vierzig Tage bis Ostern doch einmal als Aktion F, in der Sie als Familie einfacher leben und gemeinsam das Leben neu entdecken.

Sie könnten etwa zugunsten von Spiel- oder Erzählabenden auf das Fernsehen verzichten. Oder reservieren Sie einen Abend oder Nachmittag in der Woche, an dem Sie miteinander versuchen, das Selbstverständliche wieder neu zu verstehen. Dieses Buch bietet hier zahlreiche Anregungen.

Andere werden womöglich Freude daran haben, ihre Art des Zusammenlebens zu überdenken. Dazu ist es hilfreich, miteinander ein Familientraumhaus zu gestalten. Man nimmt einfach große Plakatkartons und zeichnet mit bunten Stiften oder Fingerfarben die Lebensräume ein. Da kann ein großer Spielplatz neben dem Haus entstehen, ein Raum, in dem man miteinander spricht, bastelt, Geschichten erzählt, meditiert, gemeinsam musiziert oder Musik anhört ... In diesem Zusammehang ist es wichtig, nicht nur neue Möglichkeiten zu entdecken, sondern auch zu erproben.

Haben sie schon einmal ihre eigene Familiengalerie gemalt? Jeder schreibt seinen Namen auf einen Zettel. Die Zettel werden gemischt, jeder zieht einen Namen und versucht, ein Portrait der jeweiligen Person zu erstellen. Dabei kommt es nicht so sehr auf künstlerische Vollendung an, sondern darauf, das innere Profil des Menschen wiederzugeben: seine Begabungen, was ihn freut, seine guten Seiten und anderes mehr. Die Kunstwerke können anschließend Ihre Wohnung schmücken.

Atempause

Gönnen Sie sich einmal eine Atempause. Sie benötigen für diese Übung etwa 15 Minuten Zeit.

Nehmen Sie eine aufrechte Sitzhaltung ein. Schließen Sie Ihre Augen ... atmen Sie ruhig aus ... und lassen Sie sich im Ausatmen bewußt in dieser Haltung nieder.

Achten Sie darauf, womit sich Ihre Gedanken beschäftigen. Schauen Sie Ihnen zu, ohne Sie festzuhalten. Nehmen Sie die Gedanken wahr und lassen Sie sie weiterziehen, als ob es Wolken am Himmel seien.

Richten Sie Ihre Aufmerksamkeit nun auf den Atem. Versuchen Sie, sich Ihren Atem bewußt zu machen, ohne ihn dabei zu verändern. Nehmen Sie wahr, wo Sie den Atem spüren können. In den Schultern ... im Brustbereich ... im Bauch? Spüren Sie genau, wie Ihr Atem strömt. Geht er langsam oder schnell ... regelmäßig oder unregelmäßig ... flach oder tief? Konzentrieren Sie sich nun auf die verschiedenen Atemphasen, indem Sie Ihre Aufmerksamkeit zunächst für eine kleine Weile nur auf das Einatmen richten ... und dann auf das Ausatmen. Vielleicht gelingt es Ihnen, die damit einhergehenden unterschiedlichen Gefühle wahrzunehmen.

Verweilen Sie schließlich mit Ihrer Aufmerksamkeit bei der Atempause. Spüren Sie immer wieder in diese Pause nach dem Ausatmen hinein. Ist sie lang oder kurz? Von welchen Gefühlen ist sie begleitet?

Verfolgen Sie, wie Ihr Atem ein- und ausströmt, wie die Wellen des Meeres an den Strand fließen, verweilen und zurückweichen. Vertrauen Sie sich diesem Rhythmus an und spüren Sie, wie dieser Rhythmus Sie ruhig macht und mit frischer Kraft erfüllt.

Die Geschichte von der Sandwüste

Ein Strom floß von seinem Ursprung in fernen Gebirgen durch sehr verschiedene Landschaften und erreichte schließlich die Sandwüste. Genauso wie er alle anderen Hindernisse überwunden hatte, versuchte der Strom nun auch, die Wüste zu durchqueren. Aber er merkte, daß – so schnell er auch in den Sand fließen mochte – seine Wasser verschwanden.

Er war jedoch überzeugt davon, daß es seine Bestimmung sei, die Wüste zu durchqueren, auch wenn es keinen Weg gab. Da hörte er, wie eine verborgene Stimme, die aus der Wüste kam, ihm zuflüsterte: „Der Wind durchquert die Wüste, und der Strom kann es auch."

Der Strom wandte ein, daß er sich doch gegen den Sand werfe, aber dabei nur aufgesogen würde; der Wind aber kann fliegen, und deshalb vermag er die Wüste zu überqueren.

„Wenn du dich auf die gewohnte Weise vorantreibst, wird es dir unmöglich sein, sie zu überqueren. Du wirst entweder verschwinden, oder du wirst ein Sumpf. Du muß dem Wind erlauben, dich zu deinem Bestimmungsort zu tragen."

Aber wie sollte das zugehen? „Indem du dich von ihm aufnehmen läßt."

Diese Vorstellung war für den Fluß unannehmbar. Schließlich war er noch nie aufgesogen worden. Er wollte keinesfalls seine Eigenart verlieren. Denn wenn man sich einmal verliert, wie kann man da wissen, ob man sich je wiedergewinnt.

„Der Wind erfüllt seine Aufgabe", sagte der Sand. „Er

nimmt das Wasser auf, trägt es über die Wüste und läßt es dann wieder fallen. Als Regen fällt es nieder, und das Wasser wird wieder ein Fluß."

„Woher kann ich wissen, ob das wirklich wahr ist?"

„Es ist so, und wenn du es nicht glaubst, kannst du eben nur ein Sumpf werden. Und das würde viele, viele Jahre dauern; und es ist bestimmt nicht dasselbe wie ein Fluß."

„Aber kann ich derselbe Fluß bleiben, der ich jetzt bin?"

„In keinem Fall kannst du bleiben, was du bist", flüsterte die geheimnisvolle Stimme. „Was wahrhaft wesentlich an dir ist, wird fortgetragen und bildet wieder einen Strom. Heute wirst du nach dem genannt, was du jetzt gerade bist; doch du weißt nicht, welcher Teil deines Selbst der wesentliche ist."

Als der Strom dies alles hörte, stieg in seinem Innern langsam ein Widerhall auf. Dunkel erinnerte er sich an einen Zustand, in dem der Wind ihn – oder einen Teil von ihm? War es so? – auf seinen Schwingen getragen hatte. Er erinnerte sich auch daran, daß dieses und nicht das jedermann Sichtbare das Eigentliche war, was zu tun wäre – oder tat er es schon? Und der Strom ließ seinen Dunst aufsteigen in die Arme des Windes, der ihn willkommen hieß, sachte und leicht aufwärts trug und ihn, sobald sie nach vielen, vielen Meilen den Gipfel des Gebirges erreicht hatten, wieder sanft herabfallen ließ. Und weil er voller Be-Denken gewesen war, konnte der Strom nun in seinem Gemüte die Erfahrung in allen Einzelheiten viel deutlicher festhalten und erinnern und davon berichten. Er erkannte: „Ja, jetzt bin ich wirklich ich selbst."

Idries Shah

Sinn-voll leben
oder
Was eigentlich
Sinn macht

Fasten – ein Fest für die Sinne

Die vierzig Tage des Fastens als Fest für die Sinne – das klingt widersprüchlich, ist aber trotzdem wahr. Fasten ist keine Spielart der Selbstquälerei und Körperfeindlichkeit, im Gegenteil. Freiwilliger Verzicht macht senibel und schärft die Sinne. Er bringt uns wieder neu mit uns selbst und der Welt in Kontakt. Er erinnert daran, daß wir nicht allein mit dem Kopf, sondern mit Leib und Seele leben. Dem nachzuspüren und ein verfeinertes Gefühl für den rechten Genuß unseres Lebens zu bekommen, dazu lädt die Fastenzeit ein. Sie verführt dazu, ein anderes Leben zu wagen, jenseits der alltäglichen Betäubungen und Betriebsblindheit. Sie will, daß wir wieder ganz Ohr werden und das Fingerspitzengefühl und den Durchblick bekommen, die wir brauchen, um das Leben tiefer zu verstehen.

Der Zeitraum von vierzig Wochentagen – die Sonntage sind dabei als Festtage bewußt ausgenommen – knüpft an bekannte biblische Geschichten an. Vierzig Jahre wandert das Volk Israel durch die Wüste, ehe es das gelobte Land erreicht. Nach vierzig Tagen auf dem Berg Horeb empfängt Mose die Zehn Gebote. Dem Propheten Elia wird nach vierzigtägigem Fasten eine überwältigende Gotteserfahrung zuteil, und Jesus fastet vierzig Tage in der Wüste, ehe er öffentlich auftritt und die Welt nachhaltig verändert. Die Vierzig ist die Zahl der Erwartung, daß Gott erfahrbar wird und etwas Entscheidendes geschieht.

Seit jeher sind die vierzig Tage von Aschermittwoch bis Ostern auch eine Provokation, ein schöpferischer Widerspruch gegen volle Einkaufswagen und ein inhaltsleeres Leben. Sie protestieren gegen ein Menschsein, das in Gefahr ist, sich selbst zu verbrauchen. Dahinter steht die Einsicht, daß alles, was wir aufnehmen – sei es nun körperlich oder geistig – unser Leben prägt und unser Verhalten unser Befinden maßgeblich beeinflußt. Vielleicht entdecken deshalb heute immer mehr Menschen den unschätzbaren Wert des Fastens. Sie suchen die Qualität, statt sich in Quantität zu verlieren. Sie werden wählerischer, was die Dinge anbetrifft, mit denen sie sich umgeben, und bewußter im Blick auf das, was sie essen, trinken, lesen, ansehen oder denken. Sie erleben, daß Verzicht guttut, gesund macht und letztlich auf unerwartete Weise mit Gott, der Quelle allen Lebens, in Verbindung bringt.

Wenn wir echt fasten,
werden wir gelöst und frei.
Wir werden neue Augen bekommen
für das Wunder, das uns umgibt.

Phil Bosmans

Wie den Menschen
Hören und Sehen verging

Es war einmal ein Land, gar nicht so fern von unserem, da lebte ein böser Zauberer. Tag und Nacht verfolgte er nur einen Plan: Er wollte die Menschen in seine Gewalt bringen. Dabei wußte er genau, wie gefährlich er den Menschen werden konnte. Denn er lebte unerkannt in diesem Land. Nichts aber ist schlimmer als schleichende Gefahren, die keiner kommen sieht. So blieb der Alte bewußt im Verborgenen und heckte im Geheimen seinen teuflischen Plan aus. Wenn er dabei an die Ahnungslosigkeit der Leute dachte, stieß er ein schadenfroh krächzendes Gelächter aus, das selbst alte Hexen das Fürchten lehrte. Aber leider hörte keiner dieses Lachen, das die Menschen hätte warnen können. Und das kam so.

Der Zauberer verstand wie kein anderer die Kunst, die Menschen abzulenken. Zuerst hatte er tausend und abertausend Bilder gezaubert und Unmengen von Worten und Melodien produziert. Je mehr Worte und Bilder aber auf die Menschen einprasselten, desto weniger vermochten sie, diese wahrzunehmen. Mit der Zeit verging ihnen buchstäblich Hören und Sehen. Sie wurden blind und taub füreinander und die Welt, die sie umgab. Langsam aber sicher wurden die Sinne der Leute stumpf und stumpfer, bis die Menschen eines schlechten Tages überhaupt keinen Sinn mehr in ihrem Leben sahen. Und das genau war es, was der Zauberer hatte erreichen wollen. Er hatte eine diebische Freude an diesen willenlosen Werkzeugen seines verbrecherischen Hirns. Jetzt nämlich konnte er die Menschen so steuern und beeinflußen, wie er es wollte. Es war wirklich wie verhext. Die Leute sahen ihr Gegenüber nicht mehr als Menschen, sondern als Konkurrenten. Und wenn sie gar jemand um Hilfe bat, hörten sie nicht mehr diesen Hilferuf, sondern das, was der Zauberer ihnen in seiner Boshaftigkeit eingab: „Der Taugenichts will dir nur dein bitter verdientes Geld stehlen."

Manch einer litt so sehr an dieser Sinnlosigkeit, daß er dem Unsinn ein Ende setzen und gar nicht mehr leben wollte. Da geschah es, als es um die Menschen dieses Landes zum Schlimmsten stand, schrie einer auf und weinte, daß es einem das Herz zerriß. Und während er so weinte, geschah etwas Seltsames. Es war, als ob die Tränen alle bösen Bilder aus seinen Augen wuschen. Zum ersten Mal seit langer Zeit sah er die Welt wieder klar. Die Blumen waren wieder bunt und die Menschen wieder Freunde. Er erkannte aber auch den bösen Zauber, der über diesem Land lag, und so begann er, ihn zu bekämpfen. Er hatte keine Waffen, nur seine Erkenntnis. Das jedoch war viel. Denn wer um eine Bedrohung weiß, kann ihre Macht auch brechen. Wo immer er konnte, mahnte er seine Mitmenschen, ihre Sinne wieder zu schärfen. Die Sinne nämlich sind wie feine Antennen des Herzens. Wenn sie stumpf werden, geht der Kontakt zum Leben unwiderbringlich verloren.

Übrigens ist er heute noch unterwegs. Wer weiß, vielleicht klopft er eines Tages auch an deine Tür. Du kannst ihm seine Geschichte ruhig glauben, er erzählt dir keine Märchen.

Sinn-Spiele für Feinfühlige

Die Sinne lassen sich vorzüglich spielerisch entdecken und schärfen. Spielen Sie doch wieder einmal „Stille Post" mit Ihren Kindern. Alle sitzen im Kreis, und einer flüstert seinem Nachbarn einen Vers oder Satz ins Ohr. Der Angesprochene versucht, das, was er verstanden hat, wiederrum an seinen Nachbarn weiterzuflüstern. So geht es im Kreis herum, bis man schließlich wieder beim Absender ankommt, der seine Botschaft und das, was daraus geworden ist, laut verkündet. Eine andere Variante dieses lustigen und zugleich sehr aufschlußreichen Spieles besteht darin, eine Grimasse zu schneiden, die der nächste Spieler möglichst aufmerksam wahrnehmen soll, um sie dann selber an seinen Nachbarn weiterzugeben.

Wer weder hören noch sehen will, trainiert mit Hilfe des Telegraphenspiels das Fühlen. Alle stellen sich im Kreis auf. Einer zeichnet mit dem Finger eine Figur oder ein Wort auf den Rücken seines Vordermannes. Dieser muß genau nachspüren, was da eigentlich auf seinen Rücken gemalt wird, um es dann wieder an den Nächsten weiterzugeben. Auch dieses Spiel laßt sich leicht abwandeln. Ein Mitspieler bekommt die Augen verbunden, wird von den anderen berührt und muß erraten, wer ihn gestreichelt, gezwackt oder gekitzelt hat.

Um Gefühl, genauer um Fingerspitzengefühl geht es auch im Spiel „Sehende Hände". Füllen Sie einen Leinensack mit allen möglichen Alltagsgegenständen. Dann binden Sie den Sack zu. Alle Spieler tasten nun der Reihe nach den Krabbelsack ab und versuchen, so viele Gegenstände wie möglich zu erraten.

Phantasiereise in den Frühlingswald

Legen Sie sich entspannt auf den Boden ... und schließen Sie die Augen ... Machen Sie sich die Auflagefläche Ihres Körpers bewußt. Spüren Sie aufmerksam in Ihre Körperrückseite hinein ... von den Füßen ... über die Beine ... das Gesäß ... den Rücken ... die Arme ... Hände ... bis in den Kopf.

Vertrauen Sie Ihr ganzes Körpergewicht dem Boden an, der Sie trägt. Ihr Körper wird immer schwerer ... Sie sind völlig entspannt ... Ihr Atem geht ruhig und regelmäßig ... ein ... und aus ... ein... und aus ...

Sie spüren, daß Sie mit jedem Ausatmen ein klein wenig tiefer in den Boden sinken ... so, als wollten Sie einen Abdruck im Boden machen. Wie Sie so entspannt daliegen, hören Sie eine Stimme, die Sie auffordert, ihr zu folgen:

Sie verlassen den Raum ... und stehen mit einem Mal vor einem wunderschönen Frühlingswald. Sie sind überwältigt von dem frischen Grün der Blätter ... Sie lassen den Anblick einige Zeit auf sich wirken ... die vielen verschiedenen Grüntöne ... die neu aufbrechende Natur.

Nun gehen Sie in den Wald hinein ... am Wegesrand leuchten Ihnen einige rote und gelbe Blumen entgegen ... der ganze Waldboden ist übersät mit einem weißen Blumenteppich ...

Sie gehen mit langsamen, bedächtigen Schritten immer tiefer in den Wald hinein. Unter Ihren Fußsohlen spüren Sie die weiche Erde ... bei jedem Schritt gibt der Grund etwas nach ... Sie verfolgen ganz aufmerksam das Abrollen Ihrer Füße.

In Ihren Nasenflügeln empfinden Sie die klare, frische

Frühlingsluft. Der Boden riecht nach frischer, neuer Erde ... mit tiefen Atemzügen nehmen Sie den Duft in sich auf ...

Sie spüren, daß sich die Ruhe des Waldes auch in Ihnen verströmt ... Sie fühlen sich wohl. In der Ferne hören Sie Vögel zwitschern ... Sie verfolgen die fröhlichen Melodien ... Sie können mehrere Stimmen voneinander unterscheiden ... warme, dunkle Töne ... und helles, munteres Pfeifen ... vielleicht hören Sie einen Specht klopfen oder einen Kuckuck rufen ... Im Unterholz nehmen Sie ein Rascheln wahr ... und kurz darauf sehen Sie, wie einige Tiere in aller Ruhe Ihren Weg kreuzen ...

Ihr Atem geht ruhig und gleichmäßig ... Sie sind ganz entspannt und gelöst ... Sie fühlen sich wohl hier in der Natur ... Sie nehmen den Frieden und die Harmonie dieses Ortes in sich auf ... und Sie beschließen, wieder hierher zu kommen ... Mit diesem Gedanken verabschieden Sie sich von diesem idyllischen Ort ... und kommen langsam wieder zurück in diesen Raum.

Bewegen Sie sachte Ihre Hände ... und Fußgelenke ... Lassen Sie Ihre Atmung tiefer werden ... und mit dem nächsten Einatem nehmen Sie Ihre Arme über den Kopf ... Strecken und räkeln Sie sich kräftig durch ... und öffnen Sie dann Ihre Augen.

Liebeslied

ohne deine Augen
sehe ich nur die Hälfte

ohne deine Ohren
höre ich sehr schlecht

ohne deinen Mund
komme ich ins Stottern

ohne deine Hände
begreife ich nicht viel

ohne deine Füße
verlaufe ich mich

ohne deine Liebe
wird es wüst in mir

deshalb
bleibe doch
bleibe doch da

noch ist Zeit
gegen die Angst zu singen
gegen die Armut zu träumen

noch ist Zeit
gegen Gewalten zu handeln
gegen den Tod zu lieben

noch ist Zeit
für uns
zu leben
für diese Welt

Verfasser unbekannt

Als die Noten von Sinnen waren

Vor langer Zeit zerbrach einmal die große Musik des Lebens in ein unruhiges Durcheinander einzelner und vereinzelter Töne.

„Ich", drang es plötzlich durch die aufgelösten Reihen. Ein sattes A war aufgestanden, und obwohl es gewohnt war, den Ton anzugeben, beklagte es sich: „Ich möchte endlich unabhängig sein. Wenn mein Leben von einer dieser Notenlinien, den anderen Tönen und dem Gutdünken des alten Musikers abhängt, möchte ich lieber gar nicht erst existieren. Ich jedenfalls möchte nicht in der Masse der Töne untergehen."

Viele Noten wurden von der Sehnsucht des Kammertons angesteckt. Und so geschah es, daß bald alle Töne eifrigst damit beschäftigt waren, sich selbst zu verwirklichen. Die bisherigen Ordnungen des Zusammenlebens waren aufgelöst, die Notenlinien wurden verworfen, keiner hörte mehr auf den anderen, und die vollständige Unabhängigkeit war bald erreicht. Aber es erklang auch keine Musik mehr. Man vernahm nur noch ein schaurigschräges Durcheinander einzelner Klänge, die sich gegenseitig zu übertönen versuchten und sich offenbar einbildeten, alleine eine Melodie zu sein. Das aber vergrößerte nur noch die Vereinzelung, und eine gefährliche Krankheit breitete sich aus: die Einsamkeit.

In ihrer Not wandten sich einige Töne an den alten Musiker, der alles mit großer Besorgnis beobachtet hatte. Ihn schmerzte, was er hörte, nicht nur in den Ohren, sondern auch im Herzen.

„Ihr habt den Sinn füreinander verloren", erklärte er den Tönen. „Wenn ihr nur für euch selber lebt, dann ist dies das Ende eures Lebens, und wenn ihr nicht mehr aufeinander hört, ist dies das Ende der Musik. Jeder Ton ist in seiner Eigenart wichtig. Aber würde ein Musiker jeden Ton nur einzeln spielen, so gäbe es keine Melodie, sondern nur eine lose Aneinanderreihung einzelner Klänge. Das Geheimnis einer Melodie liegt im rechten Zusammenspiel. Das ist eine arme Melodie, die nur aus einzelnen Noten und ihrem je eigenen Klang besteht. Das ist ein armes Leben, das nur das eigene Ich zum Inhalt hat.

Wenn eine Melodie erklingen soll, ist nicht allein das Eigenleben vereinzelter Töne wesentlich, sondern zugleich die Hingabe und Hinführung der einzelnen auf die nächsten Noten. Denn kein Ton entfaltet seinen vollen Klang allein aus eigener Kraft. Nur wenn einer den anderen unterstützt und durch andere unterstützt wird, erklingt Musik. Ihr werdet wesentlich durch andere Töne selbst zum Ton. Deshalb ist es so wichtig, daß ihr aufmerksam füreinander seid und nicht verlernt, aufeinander zu hören.“

Dem Rat des alten Musikers vertrauend, versuchten die wenigen Töne, eine neue Form des Zusammenlebens zu begründen. Immer einige, die besonders schön miteinander klangen, wohnten zusammen mitten unter den anderen. Sie versuchten aber, nicht lauthals den Ton anzugeben, sondern spitzten die Ohren füreinander und begannen, ganz sacht ihr neues Lied zu singen. Langsam, aber stetig wuchs ihre kleine Melodie, die immer vielstimmiger und klangfarbener wurde, bis schließlich eine große Symphonie erscholl.

Seit diesen Tagen wohnt der Musik eine tiefe, verwandelnde Kraft inne. Und wenn man ganz still wird und genau hinhört, kann man diese Kraft noch heute spüren.

Staunend leben
oder
Das Leben
lieben lernen

Täglich Überraschungen

Der Weg von Aschermittwoch bis Ostern steckt voller erstaunlicher Überraschungen. Er lehrt, das Leben wieder neu zu lieben, und will eine Lust sein, keine Last. Der Schlüssel dazu liegt in Aufmerksamkeit und Staunen. Das sind nicht einfach irgendwelche Fähigkeiten. Aufmerksamkeit und Staunen sind Grundhaltungen, die sich bewußt auf weniger konzentrieren, dieses Wenige aber voll auskosten. Sie stehen letztlich für ein ganzes Lebensprogramm. Angesichts der Krise unserer Umwelt könnte man sie sogar als Überlebensprogramm für eine beinahe erschöpfte Schöpfung bezeichnen.

Jede Haltung hat unmittelbar ein Verhalten zur Folge. Deshalb ist es nicht gleichgültig, wie wir die Welt sehen. Es macht einen gewaltigen Unterschied, ob ich staunend Respekt vor dem Wunder der Umwelt empfinde und entsprechend achtsam mit ihr umgehe oder ob sie mir letztlich gleichgültig ist. Von Kindern ist da viel zu lernen. Sie sind wie kleine Genießer, die es verstehen, mit einfachen Dingen glücklich zu sein. Weil ihnen die Welt nicht selbstverständlich, sondern im positiven Sinne fragwürdig ist, nähern sie sich ihr unvoreingenommen mit Respekt und Zärtlichkeit und erleben dabei täglich neue Überraschungen. Mit voller Aufmerksamkeit wenden sie sich einer einzigen Blume zu, als ob in diesem Augenblick nichts wichtiger wäre. Und es ist, als ob sie dabei auf den Grund der Dinge blickten.

Wohl nicht ganz von ungefähr trägt der 3. Fastensonntag schon seit alter Zeit den Namen „oculi", meine Augen. Das spielt auf den Eröffnungsvers der Gottesdienste in den katholischen Kirchen an: „Meine Augen schauen stets auf Gott." Man wird das aber wohl auch als Hinweis darauf verstehen dürfen, während der Fastenzeit das Staunen neu einzuüben und am eigenen Leib zu erfahren, wie aus dieser Haltung ein neues Verhalten erwächst. Dabei ist es nicht so entscheidend, krampfhaft dieses oder jenes Detail meines Lebens zu ändern. Es geht vielmehr um die Einstellung. Wir sollen nicht in Sack und Asche gehen und mit Bitterkeit jede Form von Lebensfreude in uns abtöten. Wir sind eingeladen, mit der Leichtigkeit eines Genießers, aber darum nicht leichtsinnig, das Leben zu suchen und staunend seine unerschöpflichen Möglichkeiten zu entdecken und zu schmecken.

Fasten heißt,

mit einfachen Dingen glücklich zu sein

und die einfachen Dinge

in Dankbarkeit zu genießen.

Phil Bosmans

Wie die Menschen
das Staunen verlernten
und warum sie sich
plötzlich wunderten

Eines Tages war es soweit. Es gab keine Wunder mehr. Die Menschen hatten die Welt enträtselt, jedenfalls meinten sie das. Wie mit einem riesigen Vergrößerungsglas hatten sie sich die Dinge aus der Nähe angesehen und beinahe alles aufgelöst in Formeln und Strukturen. Wenn beispielsweise eine Blume zu wachsen begann, konnten sie rasch erklären, wie das zuging. Nicht anders war es, wenn es Sommer wurde oder Winter, zwei Menschen sich ineinander verliebten oder wenn ein Kind zur Welt kam.

Nichts war mehr geheimnisvoll. Alles war durchschaubar geworden - und beherrschbar. Denn je genauer die Menschen die Welt zu erklären vermochten, desto größer wurde auch ihre Fähigkeit, die Dinge zu verändern. Schon bald begann man, in riesigen Laboratorien eine neue Welt zu konstruieren, die alle Menschen glücklich machen sollte.

Aber die Menschen wunderten sich nicht schlecht, daß sie - was immer sie auch unternehmen wollten - nicht glücklicher wurden. Im Gegenteil, je mehr sie erklärten und entwickelten, desto kälter und unwirtlicher wurde die Welt. Und was einmal ein großes Ganzes war, in dem alles miteinander in Beziehung stand, fiel nun auseinander in ein zusammenhangsloses Nebeneinander von Dingen, die keiner mehr ganz begriff. Am Ende schien die Welt selbst wie ein riesiges Laboratorium, in dem sich keiner mehr wohlfühlte. Eine abgrundtiefe Traurigkeit legte sich auf die Herzen der Menschen, und sie ahnten: „Wir haben zwar manches erklären können, aber verstanden haben wir offenbar nichts."

Da geschah es, daß ein Forscher, der eines Abends völlig niedergeschlagen sein Laboratorium verließ, auf ein kleines Kind aufmerksam wurde, das mit großer Ehrfurcht eine Blume betrachtete. Und wie er dem Kind in die Augen sah, erkannte er tief innen so etwas wie Liebe leuchten. Da fiel es ihm wie Schuppen von den Augen. „Wir haben die Dinge nicht erkennen, sondern beherrschen wollen. Wirkliches Erkennen aber beginnt mit dem Staunen. Wer staunt, lernt das Leben lieben, ohne es für seine Zwecke benützen zu wollen. Und nur wer liebt, rührt an das Geheimnis der Dinge. Das Leben ist eben kein Rätsel, das man gewaltsam wie eine Nuß knacken kann. Es ist ein Geheimnis, das einem aufgehen muß - so wie sich eine Blume in den Strahlen der Morgensonne öffnet und entfaltet."

Tief erfüllt von dieser Begegnung ging er seines Weges. Wohin in dieser Weg führte, weiß heute keiner mehr ganz genau zu sagen. Aber es heißt, er habe seinen Weg gefunden.

Wir pflanzen eine Osterwiese

Gerade das Frühjahr bietet zahlreiche Gelegenheiten, mit Kindern zusammen das Erwachen der Natur zu erleben und dabei das Staunen neu zu lernen. Säen Sie zum Beispiel gemeinsam Ihre eigene kleine Osterwiese aus, an der sie das Werden und Wachsen der Natur hautnah begreifen und bestaunen können.

Sie benötigen dazu eine Handvoll Grassamen und Körner von Sommerweizen, Hafer oder Gartenkresse. Es ist ratsam, die Körner in einem Gefäß mit warmen Wasser etwa zwei Tage lang quellen zu lassen, bis sie aufspringen. Füllen Sie dann einen tiefen Tonteller oder eine andere Schale mit frischer Blumenerde an. Mit ihren Fingern können die Kinder die Erde lockern und spielerisch pflügen. Vor der Aussaat der Körner sollten Sie sich genügend Zeit nehmen, die Körner mit den Kindern zu betrachten und zu befühlen. Nur noch wenige Kinder wissen nämlich, woraus das Brot, das sie täglich essen, eigentlich besteht. Anschließend säen Sie miteinander die vorgekeimten Samen aus. Der Phantasie sind dabei keine Grenzen gesetzt. Einige Kinder werden eine wilde Wiese bevorzugen. Andere wieder werden den Samen so aussäen, daß das keimende Gras das Wort Ostern ergibt. Die Pflege der kleinen Osterwiese sollte unbedingt den Kinder überlassen werden. Mit Hilfe eines Blumensprühers können die kleinen Gärtner es mehrmals täglich auf ihre Wiese „regnen" lassen. Und wenn sie die Schale schön hell, warm und feucht halten, sprießt schon bald das erste zarte Grün aus der Erde, das als Gras für das Osternest oder als origineller Schmuck für den Ostertisch benutzt werden kann.

Ich sehe

Ich sehe den sanften Wind
  in den Lärchen gehn
  und höre das Gras wachsen,
  und die andern sagen:
  Keine Zeit!

Ich sehe den wilden Wassern zu
  und den Wolken über den Bergen,
  und die andern sagen:
  Wozu?

Ich sehe den Schmetterlingen nach
  und den spielenden Kindern,
  und die andern sagen:
  Na und?

Ich kann mich nicht satt sehen
  an allem, was ist,
  und die andern sagen:
  Was soll's?

Ich bewundere dich, o mein Gott,
  in allem, was lebt,
  und die anderen sagen:
  Wieso?

Lothar Zenetti

Was ist das Leben?

An einem sonnigen Tag um die Mittagszeit war große Stille am Waldrand. Die Vögel hatten ihre Köpfe unter die Flügel gesteckt, und alles ruhte. Da streckte der Buchfink sein Köpfchen hervor und fragte: „Was ist das Leben?" Alle waren betroffen über diese schwierige Frage. Im großen Bogen flog der Buchfink über die weite Wiese und kehrte zu seinem Ast im Schatten des Baumes zurück.

Die Heckenrose entfaltete gerade ihre Knospe und schob behutsam ein Blatt ums andere heraus. Sie sprach: „Das Leben ist eine Entwicklung." Weniger tiefsinnig veranlagt war der Schmetterling. Er flog von einer Blume zur anderen, naschte da und dort und sagte: „Das Leben ist lauter Freude und Sonnenschein."

Drunten im Gras mühte sich eine Ameise mit einem Strohhalm, zehnmal länger als sie selbst, und sagte: „Das Leben ist nichts anderes als Mühsal und Arbeit."

Geschäftig kam eine Biene von einer honighaltigen Blume auf der Wiese zurück und meinte dazu: „Nein, das Leben ist ein Wechsel von Arbeit und Vergnügen."

Wo so weise Reden geführt wurden, steckte auch der Maulwurf seinen Kopf aus der Erde und brummte: „Das Leben? Es ist ein Kampf im Dunkeln."

Nun hätte es fast einen Streit gegeben, wenn nicht ein feiner Regen eingesetzt hätte, der sagte: „Das Leben besteht aus Tränen, nichts als Tränen." Dann zog er weiter zum Meer.

Dort brandeten die Wogen und warfen sich mit voller Gewalt gegen die Felsen und stöhnten: „Das Leben ist ein vergebliches Ringen nach Freiheit."

Hoch über ihnen zog majestätisch der Adler seine Kreise. Er frohlockte: „Das Leben, das Leben ist ein Streben nach oben." Nicht weit vom Ufer entfernt stand eine Weide. Sie hatte der Sturm schon zur Seite gebogen. Sie sagte: „Das Leben ist ein Sichneigen unter eine höhere Macht."

Dann kam die Nacht. Mit lautlosen Flügeln glitt der Uhu über die Wiese dem Wald zu und krächzte: „Das Leben heißt: die Gelegenheit nützen, wenn andere schlafen."

Und schließlich wurde es still in Wald und Wiese. Nach einer Weile kam ein junger Mann des Wegs. Er setzte sich müde ins Gras, streckte alle viere von sich und meinte erschöpft vom vielen Tanzen und Trinken: „Das Leben ist das ständige Suchen nach Glück und eine lange Kette von Enttäuschungen."

Auf einmal stand die Morgenröte in ihrer vollen Pracht auf und sprach: „Wie ich, die Morgenröte, der Beginn des neuen Tages bin, so ist das Leben der Anbruch der Ewigkeit!"

Ein schwedisches Märchen

Still leben

oder

In der Ruhe

liegt die Kraft

Stille statt Streß

Stille ist mehr als die äußere Abwesenheit von Lärm. Sie ist eine Kraft, die man vor allem an ihren Wirkungen erkennen kann. Wer regelmäßig die Stille sucht, wird nicht nur gelassener und gesammelter, sondern erfährt die Kraft der Konzentration hautnah und schöpft aus ungeahnten Energiequellen, die gewöhnlich unter der Hast und Hektik des Alltags verborgen sind – und doch stark und stetig strömen.

Wider die Atemlosigkeit des Alltags formuliert die Fastenzeit die Alternative: Stille statt Streß und Tiefe statt Oberflächlichkeit. Sie lädt dazu ein, das Leben wieder leise zu lernen und zu erfahren, welche intensive Vitalität gerade die Stille schenkt. Deshalb wirbt sie darum, die Flut der ständig auf uns eindringenden Reize bewußt einzudämmen, und die Aufmerksamkeit für die äußere Welt um die Aufmerskamkeit für die persönliche, innere Welt zu bereichern. Wer so fastet, wird fit für eine Entdeckungsreise in die Tiefen des eigenen Lebens, auf der ihn ungeahnte Begegnungen erwarten: mit sich selbst und letztlich mit Gott ...

Zur Besinnung braucht man Stille.
Schaff daher Stille um dich, schaff Stille in dir,
in deinem Innersten.

Phil Bosmans

Thaddäus Tunichtgut

Es war einmal ein Hamster, der hieß Thaddäus. Er lebte zusammen mit seiner Familie und seinen Freunden in einer geräumigen Höhle am Rande eines großen Waldes. Tag für Tag, wenn seine Artgenossen auszogen, um Futter zu sammeln, lag Thaddäus auf seinem kleinen Pelz, schlummerte oder blinzelte in die Sonne. „Thaddäus", sagte seine Mutter dann vorwurfsvoll. „Thaddäus, du bist ein rechter Tunichtgut. Wie sollen wir nur über den Winter kommen, wenn du so faul bist." Thaddäus aber lächelte nur freundlich und sagte: „Es sieht nur so aus, als ob ich faul sei und keine Vorräte anlegte. Ich sammle die Stille." Damit konnte die Hamstermutter nun überhaupt nichts anfangen. Man konnte Nüsse sammeln und Sonnenblumenkerne, aber die Stille? Das klang wirklich entschieden sehr abenteurlich. Weil Thaddäus aber so ein sonniges Gemüt hatte, konnten ihm keiner böse sein. So geschah es, daß er auch weiter die Stille sammelte, während die anderen geschäftig Wintervorräte hamsterten.

Das Frühjahr ging dahin und der Sommer. Die Hamster aber hatten vor lauter Arbeit kaum Augen für die freundliche Sonne und die bunten Blumen. Vermutlich hätten sie nicht einmal bemerkt, daß es Herbst wurde, wenn es nicht sehr früh empfindlich kalt geworden wäre. Schon bald pferchten sie sich in ihrer Höhle zusammen und kuschelten sich Pelz an Pelz, um ihren Winterschlaf zu halten. Der Herbst zog vorrüber und der Winter kam, ein strenger Winter, der strengste seit Hamstergedenken. Immer noch lagen die Hamster in ihrer Höhle beeinander und hielten ihren Winterschlaf. Aber ach, ihre kleinen Mägen knurrten so heftig, daß sie die Hamster immer wieder aus ihrem Schlummer rissen. Das machte sie recht mürrisch. Die Hamster? Nein, einer saß unter ihnen wie eine kleine Sonne und lächelte zufrieden, als ob ihn das Ganze nichts anginge: Thaddäus, der Tunichtgut.

„Du hast gut lächeln", schimpften die anderen. „Kein Wunder, daß du nicht hungrig bist. Das ganze Jahr über hast du faul in der Gegend herumgelegen. Hättest du auch Vorräte gesammelt, wären wir jetzt nicht in Not." Thaddäus aber lächelte und schwieg. Nachdem er lange nachgedacht hatte, erhob er leise seine Stimme: „Futter alleine macht nicht satt." Die Hamster schauten ihn nur mit großen Augen fragend an. Und Thaddäus begann und erzählte ihnen von der Stille und der Sonne und den Blumen, und wie er sprach, war es den Hamstern, als würde es ihnen ganz warm ums Herz. Da erkannten sie, daß man nicht nur von Nüssen und Sonnenblumenkernen lebt, sondern auch noch von ganz anderen Dingen. Sie schämten sich nicht schlecht, Thaddäus einen Tunichtgut geschimpft zu haben. Denn in den Vorräten des kleinen Thaddäus lag eine große Kraft, die ihnen nun half, ihren Hunger zu überwinden.

Seit dieser Zeit haben die Hamster eine hohe Meinung von der Stille. Man kann sie häufig auf ihrem Pelz liegen sehen, und es schaut aus, als ob sie schlummern, aber sie sammeln die Stille. Und wenn einer von ihnen sich in Geschäftigkeit verliert, stupsen die andern ihn leise an und sagen: „Vergiß die Stille nicht, denn du weißt niemals, wie lang der Winter wird."

Auf die Stille hören

Nehmen Sie sich einmal 15 Minuten Zeit, um einfach nur zu hören: auf Geräusche, die Stille und auf sich selbst. Suchen Sie sich einen ungestörten Platz und setzen Sie sich dort in den Versensitz, also auf Unterschenkel und Versen. Dann neigen Sie den Oberkörper und legen Sie Ihre Stirn auf den Boden. Falten Sie Ihre Hände hinter dem Rücken und legen Sie sie dann auf dem Gesäß ab. Sie können Ihre Arme aber auch einfach neben den Körper legen. Diese Haltung, in der Ihr Rücken einem Schutzschild gleicht, der Sie von der Umwelt abschirmt, erleichtert es Ihnen, mit Ihrer Aufmerksamkeit ganz bei sich zu bleiben.

Konzentrieren Sie sich zunächst auf alle Geräusche, die von draußen eindringen ... Vielleicht hören Sie Autos ... oder Stimmen von Menschen ... vielleicht auch Vögel... Lauschen Sie ganz aufmerksam hin ... Dann richten Sie Ihre Aufmerksamkeit in den Raum ... Werden Sie sich der Geräusche im Zimmer bewußt ... Vielleicht hören Sie das Rauschen der Heizung ... das Knarren der Holzmöbel ... Ihre Atmung. Was es auch sei, nehmen Sie es aufmerksam wahr...

Verabschieden Sie sich nun von all diesen Außengeräuschen ...

Lassen Sie diese immer mehr in den Hintergrund treten ... Horchen Sie nun in die Stille ... und seien Sie ganz bei sich ... Spüren Sie, wie sich in Ihrer schützenden Ruhehaltung die Stille in Ihnen ausbreitet ... Genießen Sie diese sich verströmende Stille ... sie schenkt Ihnen neue Kraft und Sensibilität.

Sanfte Spiele ohne Sieger

Die meisten Spiele haben etwas mit Siegen und Verlieren zu tun. Aber das muß nicht so sein. Spiele können gerade dann spannend werden, wenn nicht der Stärkere gewinnt, sondern derjenige, der mit Rücksicht ans Ziel kommt. Die folgenden Ideen eignen sich hervorragend dazu, Stille und Sanftmut im Spiel zu erproben. Sie stehen deshalb an der Schwelle dieser beiden Kapitel.

Spielen Sie zum Beispiel „Nüsse verschenken". Jeder Spieler erhält sieben Nüsse. Jetzt geht es aber nicht darum, die Anzahl der Nüsse zu vermehren. Im Gegenteil: Wer die meisten Nüsse verschenken kann, hat gewonnen. Der erste beginnt zu würfeln. Wirft er eine Eins, legt er eine Nuß in die Mitte; würfelt er dagegen eine Sechs, so verschenkt er eine Nuß an einen Mitspieler. Wer zuerst keine Nuß mehr hat, gewinnt das Spiel und erhält zum Lohn alle Nüsse aus der Mitte.

Auch das beliebte Spiel „Mensch ärgere Dich nicht" kann so verändert werden, daß statt des üblichen Gegeneinanders das Miteinander zum Ziel führt: Jeder Spieler entscheidet sich für eine Spielfarbe. Er überlegt sich, was die Gruppe tun muß, wenn seine Farbe gewinnt. Diese Idee schreibt er auf einen Zettel. Dann werden alle Zettel verdeckt bis zum Ende des Spiels zur Seite gelegt. Wenn Blau gewinnt, steht beispielsweise eine Familienwanderung auf dem Programm; wenn Rot gewinnt, ein Vorleseabend. Das eigentliche Spiel wird nach den bekannten Regeln gespielt, mit einer Ausnahme: Bei jeder neuen Runde wechselt jeder Spieler im Uhrzeigersinn die Farbe der Spielfiguren.

Mit mindestens fünf Personen können Sie bereits „Schiffe im Nebel" spielen: Zwei Gruppen gehen in einem abgedunkelten Raum und absoluter Stille aufeinander zu. Sie sollen aneinander vorbeigehen, ohne einander zu berühren. Um einen Zusammenstoß zu vermeiden, gibt jeder ganz leise Laute von sich, die dem Geräusch von Nebelhörnern gleichen. Alle tasten sich langsam voran und horchen mit gespitzten Ohren auf das sanfte Geheule ihrer Mitspieler, die ihnen helfen, unbeschadet das andere Ufer zu erreichen.

„Samson" ist ein Tastspiel, das sehr viel Freude bereitet. In seinem Mittelpunkt steht ein sanftes, freundliches Wesen namens Samson, das wächst, je mehr Mitspieler sich ihm anschließen. Es wird von allen gesucht, denn alle wollen ein Teil von Samson werden. Die Mitspieler verteilen sich im Raum. Mit verbundenen Augen beginnen sie, sich umherzutasten. Wenn sie jemanden treffen, schütteln sie ihm vorsichtig die Hand oder streicheln ihn und fragen: „Samson?" Antwortet der Gefragte ebenfalls mit „Samson?", ist er nicht das gesuchte Wesen. Während alle händeschüttelnd umherwandern, flüstert der Spielleiter einem Spieler zu, daß er Samson ist. Dieser nimmt die Augenbinde ab. Wenn ihn jemand anspricht, gibt er keine Antwort. Der Mitspieler, der ihn gefunden hat, wird dann ebenfalls ein Teil von Samson, faßt ihn bei der Hand, die er geschüttelt hat, und bleibt mit ihm verbunden. So wächst Samson mehr und mehr, je mehr Mitspieler ihn finden. Das Spiel ist zu Ende, wenn auch der letzte mit Samson vereint ist.

Sanft leben

oder

Weiches Wasser

bricht den Stein

Sanfte Stärke

Sanftmut ist nichts für Softies, sondern eine Form von Mut. Sie vertraut darauf, das am Ende nicht bedingungslose Härte siegt, sondern Zärtlichkeit und Liebe. Gerade weil unsere Erfahrung oft das krasse Gegenteil dessen bezeugt, erinnert uns die Fastenzeit an die Sanftmut. Einer der ältesten Bräuche dieser Zeit sind nämlich die Kreuzwegandachten. Sie kamen durch die Franziskaner seit etwa dem 15. Jahrhundert in die abendländische Frömmigkeit. Aus den ursprünglich 7 wurden bald 14 Stationen, die weitgehend auf biblische Berichte zurückgehen und den Leidensweg Jesu szenisch nachvollziehen. In neuerer Zeit wurde der Kreuzweg noch um die Auferstehung erweitert, weil Leiden, Tod und Auferstehung Jesu zunehmend als Einheit erkannt werden. Der Kreuzweg ist damit nicht mehr nur eine Meditation des Leidenswegs Jesu, sondern drückt zugleich aus, daß dieser Weg der Weg zum Leben ist.

Um den ewigen Kreislauf von Gewalt und Gegengewalt zu durchbrechen, setzt Jesus auf Sanftmut. Dies hat nichts mit wächserner Weichheit zu tun. Sanftmut ist eine seltene, aber sehr wirksame „Waffe". Der Sanftmütige kann denjenigen, der ihn mit Gewalt bedroht, leiden und ist bereit, an ihm zu leiden. Vordergründig betrachtet führt dieser Weg in den Tod, wäre da nicht die Auferstehung Jesu. Sie ermutigt, sich nicht verhärten zu lassen, und bekräftigt, daß Sanftmut letztlich Stärke und Zärtlichkeit letztlich Kraft ist.

Ein wirkliches Geschenk

In einer stillen Vollmondnacht machte sich der kleine Wassermann auf die Suche nach einem wirklichen Geschenk für seine Freundin, die Meerjungfrau. Es sollte ihre ganze gemeinsame Geschichte widerspiegeln und genauso wertvoll sein, wie sie einander geworden waren. Der Wassermann dachte nach: Sie waren sich im Laufe der Zeit immer näher gekommen und hatten eine Beziehung aufgebaut, in der sie einander Halt und Leben gaben. Er verglich dies mit zwei ehedem einzelnen Muschelschalen, aus denen nun ein Haus und eine Heimat für ein neues Leben geworden war. Wassermann und Meerjungfrau waren glücklich miteinander und behüteten die gemeinsame Welt, wie zwei Muschelschalen das verletzliche Leben eines kleinen Wesens umschlossen. Aber die Muschel brauchte nicht nur den Schutz eines solchen Hauses. Wie alles Lebendige mußte auch sie sich ihrer Umwelt öffnen, um leben zu können. Bei allem Zusammenhalt der Muschelschalen brauchte das kleine Wesen doch die Öffnung zur Welt. Auch dies, so dachte der Wassermann, war mit ihrer Freundschaft vergleichbar, und so beschloß er, seiner Freundin das schönste und ebenmäßigste Muschelhaus zu schenken, das sich im Meer der Welt nur finden ließ.

Lange wanderte er über den Meeresgrund, ohne ein Muschelhaus zu finden, das seinen Vorstellungen entsprach. Wenn es überdies ein Zeichen für ihre Beziehung sein sollte, dann fehlte dem Geschenk noch etwas. Aber soviel der Wassermann auch suchte und nachdachte, er vermochte doch nicht zu sagen, was noch daran fehlte. Schon ganz mutlos geworden, zog ihn ein feines

Glitzern auf dem Meeresgrund an. Wie ein kleiner Seidenmond in samtschwarzer Nacht leuchtete eine Perle in einer unscheinbaren offenen Austernschale.

„Guten Tag", sagte der Wassermann freundlich, aber niedergeschlagen.

„Guten Tag", antwortete die Perle und erkundigte sich, ob er sich wohl befinde. So geschah es, daß der kleine Wassermann einer Perle auf dem Meeresgrund seine ganze Not klagte.

„Es ist kein Wunder, daß du nicht zufrieden bist", antwortete ihm die Perle. „Ist das Geheimnis einer Freundschaft nicht viel größer, als es ein Muschelhaus zu bezeichnen vermag? Nein, Wassermann, ein ebenmäßiges Muschelhaus ist noch kein wirkliches Geschenk, denn es erzählt nicht von der ganzen Wahrheit einer Beziehung."

„Du hast Recht", sagte der Wassermann nachdenklich, „denn es geschah auch, daß wir einander verletzten und miteinander stritten. In diesen Stunden schien es mir, als ob etwas Fremdes in unsere Beziehung eindringe und sie störend zu zerstören versuchte. Das waren häßliche und schmerzende Augenblicke. Wenn wir sie auch lieber nie erlebt hätten, so gehören sie doch zu uns und prägen unsere gemeinsame Geschichte. Aber niemals vermochten sie uns zu trennen, im Gegenteil: Wir sind einander noch wertvoller geworden, und unsere Freundschaft wurde noch tiefer. Nur, kleine Perle, welches Geschenk erzählt eine solche Geschichte?"

„Was man sucht, liegt oft näher, als man vermutet", entgegnete ihm das kleine Ding geheimnisvoll. „Bevor ich war, lebte hier an dieser Stelle eine glückliche und zufriedene Muschel, die in allem mit dem vergleichbar ist, was du mit dem Bild der Muschel über euer gemeinsames Leben sagtest. Eines Tages aber, die Muschel hatte sich gerade zur Nahrungsaufnahme geöffnet, drang ein winziges Sandkorn in den warmen und weichen Muschelschoß ein und verletzte ihn so stark, daß die Muschel vor Schmerz auseinanderzuspringen und zu sterben drohte. Aber das kleine Wesen gab seine Liebe zum Leben nicht auf und umschloß sanft den störenden Fremdkörper. Weil die Muschelschalen fest zusammenhielten und die Muschel das Sandkorn mit all ihrer Liebe aufnahm und ummantelte, verwandelte es sich ganz langsam in eine Perle.

Wenn du also deiner Freundin ein wirkliches Geschenk machen willst, dann nimm mich mit! Schenke ihr eine Perle in einem Muschelhaus!"

Glücklich und dankbar machte sich der kleine Wassermann auf den Weg. Mit viel Liebe und Mühe verpackte er die Perle sorgsam in einem kleinen Muschelhaus. Dann überreichte er sein Geschenk der Meerjungfrau und erzählte ihr von seiner Suche und seiner Begegnung mit der Perle. „Diese Perle gibt es nur ein einziges Mal im ganzen Meer der Welt", schloß er. „So einzigartig und einmalig schön ist unsere Freundschaft. Sie soll zugleich ein Zeichen meiner Dankbarkeit sein, denn sie spiegelt unsere gemeinsame Lebensgeschichte. Vor allem aber verdichtet sie die Erinnerung daran, daß Sanftmut stärker ist als Härte, aus tödlichen Bedrohungen zum Leben führt und aus dem Häßlichen das Schöne wachsen läßt."

Laß dich nicht verhärten

Du, laß dich nicht verhärten, in dieser harten Zeit.
Die allzu hart sind, brechen,
die allzu spitz sind, stechen
und brechen ab sogleich,
und brechen ab sogleich.

Du, laß dich nicht verbittern, in dieser bittren Zeit.
Die Herrschenden erzittern,
sitzt du erst hinter Gittern
doch nicht vor deinem Leid,
doch nicht vor deinem Leid.

Du, laß dich nicht erschrecken,
in dieser Schreckenszeit.
Das wollen sie bezwecken,
daß wir die Waffen strecken
schon vor dem großen Streit,
schon vor dem großen Streit.

Du, laß dich nicht verbrauchen, gebrauche deine Zeit.
Du kannst nicht untertauchen,
du brauchst uns und wir brauchen
grad deine Heiterkeit,
grad deine Heiterkeit.

Wir wolln es nicht verschweigen,
in dieser Schweigenszeit.
Das Grün bricht aus den Zweigen,
wir wolln das allen zeigen,
dann wissen sie Bescheid,
dann wissen sie Bescheid.

Wolf Biermann

54

Fingerspitzengefühl

Wir haben alle Hände voll zu tun. Unsere Sprache verrät, was im geschäftigen Alltag in der Regel in Vergessenheit gerät: Unsere Hände vollbringen tagtäglich komplizierte Höchstleistungen. Sie bringen uns mit der Welt in Berührung und ermöglichen es uns, zärtlich zu sein – zu uns selbst und unseren Mitmenschen. Schenken Sie Ihren Händen einmal wieder Ihre Aufmerksamkeit und erproben und spüren Sie Ihr Fingerspitzengefühl.

Beginnen Sie damit, Ihre Hände aneinanderzureiben, als ob Sie sich die Hände waschen. Spüren Sie dabei ganz aufmerksam in die Berührungen der Handflächen hinein ... Legen Sie nun ihre Hände zu einer Schale ineinander. Während die Finger der unteren Hand die obere mittragen, knetet der Daumen die nach oben geöffnete Handfläche und die Finger ... Nun wenden Sie sich dem Handrücken in gleicher Weise zu und reiben Sie einige Male zwischen den Fingerknochen hin und her ... Massieren Sie nun mit Daumen und Zeigefinger die Hautfalten zwischen den einzelnen Fingern mit kräftigem Reiben durch ... Dehnen Sie jetzt Ihre Finger, indem Sie jeden Finger einzeln an der Fingerkuppe festhalten und den Finger leicht hin und her schütteln, so als ob Sie ihn aus aus dem Gelenk herausziehen wollten ... Wechseln Sie nun die Hände ... Zum Schluß machen Sie mit beiden Händen große kreisende Bewegungen aus den Handgelenken heraus ... Reiben Sie dann die Handflächen so lange aneinander, bis Sie Wärme spüren, und halten Sie Ihre Handflächen nah vor das Gesicht und spüren Sie der freigwordenen Kraft nach.

Die Geschichte vom Bambus

In einem großen Garten wuchs ein Bambusbaum. Der Herr des Gartens hatte seine Freude an ihm. Von Jahr zu Jahr wurde der Baum kräftiger und schöner. Eines Tages aber blieb der Herr der Gartens vor ihm stehen und sagte: „Lieber Bambus, ich brauche dich!" Der Baum antwortete: „Herr, ich bin bereit, gebrauche mich, wie du willst." Die Stimme des Herrn wurde ernst: „Um dich zu gebrauchen, muß ich dich beschneiden!" Der Baum erzitterte: „Mich beschneiden? Deinen schönsten Baum im Garten? Nein bitte, das nicht, bitte nicht! Verwende mich doch zu deiner Freude, Herr, aber beschneiden...!" Der Herr sagte noch ernster: „Wenn ich dich nicht beschneide, kann ich dich nicht gebrauchen."

Im Garten wurde es ganz still. Der Wind hielt den Atem an. Langsam beugte der Bambus seinen herrlichen Kopf und sagte leise: „Herr, wenn du mich anders nicht gebrauchen kannst, dann beschneide mich!" Doch der Herr fuhr fort: „Mein geliebter Bambus, ich werde dir auch deine Blätter und Äste abschneiden!" „Ach, Herr, davor bewahr mich. Zerstöre meine Schönheit, aber laß mir bitte Blatter und Äste!" „Wenn ich sie dir nicht abschneide, kann ich dich nicht gebrauchen!"

Die Sonne versteckte ihr Gesicht. Ein Schmetterling flog ängstlich davon. Bis ins Mark getroffen, flüsterte der Bambus: „Herr, schlag sie ab!"

„Mein geliebter Bambus, ich muß dir noch mehr antun. Ich muß dich mitten durchschneiden und dein Herz herausnehmen. Wenn ich das nicht tue, kann ich dich nicht gebrauchen!" Da neigte sich der Bambus bis zur Erde: „Herr, schneide und teile!"

So schnitt der Herr des Gartens den Bambus, hieb seine Äste ab, streifte seine Blätter fort, teilte ihn in zwei Teile und schnitt sein Herz heraus. Dann trug er ihn mitten durch die trockenen Felder in die Nähe einer Quelle. Dort verband er mit dem Bambusstamm die Quelle mit der Wasserrinne im Feld. Und das klare, glitzernde Wasser schoß durch den zerteilten Körper des Bambus in den Kanal und floß auf die dürren Felder, um eine reiche Ernte möglich zu machen. – So wurde der herrliche Bambus erst zum großen Segen, als er gebrochen und zerschlagen war.

Ein chinesisches Märchen

Schwäche ist stark, Stärke ist nichts.
Wenn der Mensch geboren wird,
ist er schwach und weich,
wenn er stirbt, ist er stark und hart.
Wenn ein Baum heranwächst,
ist er weich und zart,
und wenn er trocken und hart wird, stirbt er ab.
Härte und Kraft sind Begleiter des Todes.
Schwäche und Weichheit
künden das frische Leben an.
Darum wird, was hart geworden,
niemals siegreich sein.

Laotse

Spirituell leben

oder

Was die Sehnsucht findet

Einkehr und Engagement

Spiritualität ist ein anderes Wort für Sehnsucht. Spirituell sind Menschen, die mit dem Leben, so wie es ist, noch nicht fertig sind, sondern mit einer schöpferischen Unruhe das Geheimnis hinter den Dingen suchen. Sie erinnern uns – interessanter Weise übrigens zusammen mit der modernen Physik – daran, daß die Welt nicht nur seelenlose Materie ist, sondern alle Moleküle und Atome letztlich von einer geistig-geistlichen Energie belebt werden. Diese Lebenskraft bringen die Religionen seit uralter Zeit mit Gott in Verbindung. Vielleicht ist unser Leben deshalb so seelenlos geworden, weil wir Gott vergessen haben und immer mehr in die Gefahr geraten, Geist durch Materie und Sein durch Haben zu verdrängen, anstatt beides als zwei Seiten einer Wirklichkeit zu verstehen, die zueinander gehören.

Die Zeit von Aschermittwoch bis Ostern lädt dazu ein, die Wirklichkeit in ihrer ursprünglichen Ganzheitlichkeit wahrzunehmen und damit Gott wieder auf die Spur zu kommen. Sie macht aber nicht nur auf die Einseitigkeit aufmerksam, der wir erliegen, wenn wir über die Außenseite unseres Lebens die Innenseite vergessen. Sie warnt ebenso davor, in falsch verstandener Innerlichkeit den Kontakt zur Realität zu verlieren. Spiritualität ist immer beides: Leben mit Leib und Seele, innerliches Engagement und Engagement aus Innerlichkeit, denn Einkehr ohne Engagement bleibt folgenlos und Engagement ohne Einkehr leer.

Der Vogel mit dem großen Durst

Es war einmal ein Vogel, der hatte eine seltsame Sehnsucht. Ihn dürstete nach kristallklarem, frischem Quellwaser. Er wußte nicht, woher dieser Durst kam. Noch ahnte er, daß nicht alle Vögel diesen Durst kannten. Gewöhnlich tranken sie nämlich aus den umliegenden Pfützen und dem nahegelegenen Teich. Und wenn der Kleine sie nach frischem Wasser fragte, lachten die meisten über ihn und schüttelten mit dem Kopf: „Was bist du doch für ein komischer Vogel. Es gibt doch so viele Pfützen. Wie kannst du da noch durstig sein!"

Der Durst des kleinen Vogels aber wuchs so sehr, daß das abgestandene Pfützenwasser ihn nicht mehr zu stillen vermochte. So machte er sich eines Tages auf den Weg, eine Quelle kristallklaren Wassers zu suchen, die ihm seinen Durst nehmen könnte. Er flog Stunde um Stunde, Tag um Tag und Woche um Woche. Aber er konnte doch nicht finden, was er suchte. Erst nach vielen, vielen Monden erkannte er in der Ferne einen gewaltigen Strom, der sich zwischen den Wiesen und Weiden hindurchwandt. Vorsichtig kostete er das Wasser. Es war ein wenig frischer als das Regenwasser aus den Pfützen, aber noch lange nicht so frisch, wie er es ersehnte. Traurig und niedergeschlagen ließ er sich zerzaust und hungrig im Wipfel eines knorrigen Baumes nieder.

Es dämmerte, die Sonne verschwand hinter dem Horizont, und dunkle Gedanken gingen ihm durchs Hirn: „Was bin ich doch für ein komischer Kauz. Jetzt bin ich weiter geflogen, als je ein anderer Vogel meines Volkes und habe doch nicht gefunden, was ich suche. Zu Beginn der Suche war noch alles anders." Wehmütig lächelnd erinnerte sich der Kleine an seine Abenteuerlust und seinen Unternehmungsgeist, die nun der Müdigkeit und Enttäuschung gewichen waren. „Lohnt sich diese Anstrengung überhaupt?", fragte er sich, und zwei große Tränen kullerten aus seinen Augen und fielen hinab in die endlose Nacht.

„Paß doch auf", antwortete eine Stimme unwirsch aus der Dunkelheit. Die Tränen waren nämlich geradewegs auf den Kopf einer alten Eule getropft, die nach frischen Mäusen Ausschau hielt, um ihr Abendbrot zu bereiten.

„Entschuldigung", schnüffte der kleine Vogel und hüpfte einige Zweige hinunter, froh darüber, endlich ein lebendiges Wesen zu treffen, mit dem er reden konnte.

Schluchzend erzählte er der Alten seine traurige Geschichte, und die Eule hörte aufmerksam zu. Es war schon spät, als der Kleine endete, und der Mond tauchte die beiden in sein ruhiges Licht.

„Nur wer die Sehnsucht kennt, weiß, was du leidest", antwortete die Eule. Wie war der Vogel da froh, denn er fühlte sich verstanden. Und Glück hatte er obendrein, denn Eulen sind Töchter der Nacht und wissen im Dunkel zu sehen.

„Du darfst den Mut nicht aufgeben. Wenn du deiner Sehnsucht nicht mehr traust, kannst du das Ziel nicht finden."

„Aber jage ich nicht einer fixen Idee nach?", fragte der Kleine.

„Nein", schmunzelte die Eule und ihre wachen Augen leuchteten weise. „Die Quelle, die du suchst, ist so nah wie fern. Es ist die Quelle der Kraft, aus der das Wasser des Lebens strömt. Sie liegt an dem Ort, an dem Himmel und Erde einander berühren. Ruhe dich ein wenig aus, und dann folge dem Flußlauf. Je weiter du kommst, desto frischer und klarer werden seine Wasser."

Darauf breitete die Eule ihre Schwingen aus und verschwand lautlos im Dunkel der Nacht. Der Vogel aber fiel in tiefen, erholsamen Schlaf.

Kurz nach Sonnenaufgang erwachte er ausgeruht und voller Kraft. Hatte er geträumt oder hatte die Eule wirklich zu ihm gesprochen? Gleichviel, er konnte es doch nur herausbekommen, wenn er sich auf den Weg machte und ihren Worten traute. Sogleich erhob er sich in die Luft und flog, was er konnte. Abermals vergingen Stunden, Tage und Wochen – und der Fluß schien kein Ende zu nehmen. Aber jetzt war es anders. Der kleine Vogel vertraute darauf, die langersehnte Quelle zu finden. Und je größer sein Vertrauen wurde, desto bestimmter wurde auch seine Zuversicht, ans Ziel seiner Reise zu gelangen. Jedesmal wenn er vom Wasser des Flußes kostete, war es ihm, als sei es ein wenig klarer und frischer geworden. Sein Weg veränderte ihn, und um ihn herum veränderte sich die Welt. Denn er machte jetzt häufig bei anderen Vögeln Rast, und wenn er ihnen seine Geschichte erzählte, wurden seine Zuhörer ganz still. Wenn man genau hinsah, sah man eine stille Sehnsucht in ihren Augen strahlen, als ob sie eben erst entfacht worden war.

So gelangte der Kleine eines Tages an den Saum einer satten grünen Wiese, über der die Schmetterlinge in der Sonne tanzten. Schon aus einiger Entfernung hatte er erkennen können, wie der Fluß sich verjüngte und immer schmaler und schmaler wurde. Aufgeregt flatterte er weiter und spürte, daß das Ziel seiner Reise nun nicht mehr weit sein konnte. Und wirklich, gegen Sonnenuntergang kam er an eine Quelle, die klarer war als alles, was er bisher gesehen hatte. Und als er ihr Wasser kostete, war es so frisch und belebend, daß er wie von Sinnen war. Erst allmählich bekam er wieder Augen und Ohren für seine Umgebung. Er flog auf und staunte nicht wenig. Konnte das wahr sein? Er war wieder Zuhause. Nur einen Steinwurf entfernt lebten seine alten Freunde, tranken das Wasser schmutziger Pfützen und kannten die Quelle offenbar nicht.

So schnell er konnte, flog er hinüber und erzählte, was er erlebt hatte. Die Vögel seines Volkes aber verstanden ihn nicht. Sie meinten, es sei wirklich tragisch. Auf der langen Reise sei er wohl völlig übergeschnappt. Der kleine Vogel jedoch ließ sich nicht entmutigen, denn er hatte die Quelle der Kraft gefunden, aus der die Wasser des Lebens strömen. Und wer weiß, vielleicht sind ja einige Vögel seinem Beispiel gefolgt?

Meditieren mit der Familie

Eine einfache Meditation von etwa 15 Minuten kann Ihnen helfen, Ihre Mitte zu suchen und sich wieder zu sammeln, wenn Sie das Gefühl haben, aus dem Gleichgewicht geraten zu sein.

Sorgen Sie zu Beginn mit Hilfe einer Kerze und einer Blume für eine angenehme, harmonische Atmosphäre. Zur Einstimmung in das gemeinsame Meditieren beginnen Sie mit einer Übung, die auch von kleineren Kindern mit Freude mitvollzogen werden kann: Ziehen Sie Ihre Schuhe aus und stellen Sie sich aufrecht hin. Die Füße sollten etwa hüftbreit, parallel nebeneinanderstehen.

Dann schließen Sie die Augen und spüren in Ihre Fußsohlen hinein ... Umfahren Sie in Ihrer Vorstellung die Berührungsfläche Ihrer Füße am Boden ... Stellen Sie sich vor, kleine Wurzeln wüchsen aus Ihren Fußsohlen in die Erde hinein ... Sie stehen fest verwurzelt ... und haben guten Halt am Boden ...

Jetzt pendeln Sie einige Male langsam nach links und nach rechts ... Seien Sie dabei ganz aufmerksam in Ihren Fußsohlen ... nehmen Sie dort die Gewichtsverlagerung wahr... und bleiben dann in der Mitte stehen ... Schaukeln Sie nun ein wenig vor und zurück ... und spüren wieder in Ihre Fußsohlen hinein ... Verweilen Sie auch nach dieser Übung in einer mittleren Stellung.

Setzen Sie sich nun auf den Boden. Ein Kissen oder eine Decke helfen Ihnen, eine bequeme und doch aufrechte Haltung einzunehmen ... Schließen Sie Ihre Augen und spüren sich in den Sitz ein ... Machen Sie sich die Auflagefläche Ihres Gesäßes auf dem Boden bewußt

... und nehmen Sie intensiv mit der Erde Kontakt auf. Stellen Sie sich nun vor, an Ihrem Beckenboden wäre ein Gewicht befestigt, welches Sie in der Mitte Ihrer Auflagefläche ein wenig tiefer in den Boden herunterzieht ... An diesem Punkt sind Sie fest im Boden verankert ...

Pendeln Sie jetzt mit Ihrem Oberkörper einige Male mit langsamen Bewegungen nach links und rechts ... Spüren Sie dabei die Gewichtsverlagerung in Ihrem Sitz ... Verweilen Sie in einer mittleren Stellung ... schaukeln Sie dann ein wenig vor und zurück ... und finden Sie sich auch hier wieder in Ihrer Mitte ein ...

Legen Sie jetzt Ihre beiden Handflächen unterhalb des Nabels an den Bauch ... Spüren Sie durch die Handflächen hindurch Ihren Atem im Bauch ... und wie sich die Bauchdecke beim Einatmen vorwölbt ... beim Ausatmen wieder flach wird ... Schauen Sie Ihrem Atem zu, ohne ihn zu verändern ... Nehmen Sie nur wahr ... wie er kommt ... und geht ... immer wieder ... kommt ... und geht ...

Legen Sie Ihre Hände wieder auf den Oberschenkeln ab, und spüren Sie trotzdem den Atem weiter dort im unteren Bauchraum ... in Ihrer Mitte ... Stellen Sie sich vor, daß sich hier ein sonnenähnlicher Lichtkegel befindet ... der Ihre Mitte erwärmt ... Spüren Sie die Kraft und Wärme, die von hier ausströmt ... Konzentrieren Sie sich einige Zeit auf dieses Kraftzentrum ... und spüren Sie, wie die Sammlung Sie verändert.

Dann richten Sie Ihre Aufmerksamkeit wieder nach außen ... nehmen bewußt Geräusche wahr und öffnen schließlich Ihre Augen.

Sehnsucht

ich habe dich
verloren
du großer fund
klein wie
die perle
im ackergrund

ich such dich
in allem
versuche dich
und wo ich dich
suche
da finde ich
mich

ich bin
nach dir
süchtig
ich suche dich
ich kann dich
nicht finden
finde du mich

ich hab dich
verloren
du großer
fund
klein wie
die perle
im ackergrund

Wilhelm Willms

Solidarisch leben

oder

Leidenschaft

als Lebenskraft

Solidarität und Sympathie

Die Karwoche – eine entscheidende Etappe auf dem Weg von Aschermittwoch bis Ostern. Diese Woche hat ihren Namen vom mittelalterlichen „char" und „kara", das soviel heißt wie Trauer und Klage. Sie ist dem Gedächtnis des Leidens Jesu gewidmet und erinnert an die wichtigsten Ereignisse, die zur Entstehung des Christentums geführt haben. Die Feste dieser Woche sind eng mit den letzten Tagen Jesu verknüpft. Sie folgen seinem Weg vom Einzug in Jerusalem über das Abschiedsessen mit seinen Freunden und seinen grausamen Tod bis hin zu seiner Auferstehung.

Nichts kennzeichnet diese Woche so sehr wie das Zeichen des Kreuzes. Die Karwoche erzählt, wie man Jesus aufs Kreuz legte und ums Leben brachte. Sie berichtet von den durchkreuzten Hoffnungen seiner Anhänger, aber auch davon, welche Lebenskraft letztlich in einem leidenschaftlichen Engagement verborgen liegt, wie Jesus es vorlebte. Damit rührt die Karwoche an eine schwerwiegende Wahrheit unseres Lebens, das immer wieder durchkreuzt zu werden droht – von der Wirklichkeit selbst, von Krankheit und Tod oder Menschen, die uns übel mitspielen. Die Karwoche ist etwas für Realisten. Sie sagt, daß das Leben eben alles andere als leicht ist und das Leiden als bittere Realität anerkannt werden muß. Gerade diese beständige Spannung von Leiden und Leben, Kreuz und Auferstehung spielt sie im Geschehen um Jesus gewissermaßen nach. Interssanterweise gibt dieser Jesus nämlich keine klugen Ratschläge, wie man mit dem Leiden zu verfahren hat. Er findet sich aber auch nicht einfach damit ab. Jesus kämpft und läßt sich diesen Kampf sein Leben kosten. Gerade darin aber durchbricht er den tödlichen Kreislauf und schafft in seiner Auferstehung neues Leben. Die neue Lebensgeschichte, die er eröffnet, ist und bleibt durch die harte Wirklichkeit des Leidens errungen. Diese unaufhebbare Spannung ist seither dem Glauben an die Auferstehung eingeschrieben. Zugleich verweist das Handeln Jesu auf die Solidarität der Liebe Gottes, der seine Welt auch und gerade im Leiden nicht alleine läßt. Seine Geschichte verweist – mit einem alten greichischen Wort – auf die Sym-pathie Gottes, sein Mit-Leiden mit den Menschen und der Welt. Damit sind keineswegs schon Leiden und Tod endgültig aus der Welt geschafft, sie bleiben dunkle Geheimnisse. Aber damit bricht eine neue Wirklichkeit an. Sie wächst in dem Maße, in dem sich auch andere von der Geschichte Jesu anstecken lassen und als solidarische und sympathische Menschen leben, die leidenschaftlich dafür kämpfen, daß sich das Leben durchsetzt gegen den Tod. Sie haben dabei einen starken Verbündeten – Gott selbst.

Fasten ist ein Weg
zu mehr Liebe und Solidarität.
Denn auch das ist Liebe,
wenn man unter der Not anderer leidet.

Phil Bosmans

Kinder des Regenbogens

Schwarzes Schweigen lag über dem Tränensee, an dessen Ufer ein kleiner, eigenartiger Mann saß. Sein Körper erzählte von langem Leben, das tiefe Spuren in sein Gesicht gegraben hatte, in seinen Augen aber wohnte ein jugendlicher Glanz. Ein weiter Rock hüllte ihn ein, der aus unendlich vielen Stoffresten zusammengenäht war, die wie die Farben im Regenbogen schillerten. Er war der letzte Clown und lebte im Land der Tränen, denn er wußte, daß ein wirkliches Lachen nur aus Tränen geboren wird.

Schon lange hatte er an der Uferböschung des Sees gesessen und leise über all das geweint, was er in dem dunklen Spiegel sah: Tod, Trauer und Tränen überschatteten und erstickten das Lebenslicht der Menschen. Das ganze Elend der Welt, alle Einsamkeit, alles Unrecht, alle Trostlosigkeit und Krankheit waren in diesem undurchdringlichen Dunkel versammelt. Der Clown hörte wie von ferne die Schreie und das Stöhnen aller Gequälten, Gefolterten und Gemordeten, die Rufe der Orientierungslosen und das Marschieren der Soldaten. Er sah Zahllose, die die Last des Lebens gebeugt und zu Boden gedrückt hatten, und wieder andere, die gleichsam Schatten ihrer selbst waren. Ein gespenstisches Heer von Menschen zog vor seinem Blick vorüber, die wegen der Enttäuschungen und Wunden, die ihnen das Leben zugefügt hatte, den Blick aus der Enge ihres Leidens nicht mehr zur Weite des Himmels zu heben vermochten. All ihr Klagen, Rufen und Röcheln mündete in einen einzigen erschütternden Schrei nach Leben, der im Tränensee erstickend starb.

Der Clown dachte nach. Es war schlecht bestellt um die Sehnsucht der Menschen nach Liebe und Leben in diesem Land des Todes.

Er aber war ein Clown, ein Kind des Regenbogens, dessen Lachen aus Tränen geboren wird und der die schwere Aufgabe hat, die Menschen glücklich zu machen und sie die Freude zu lehren. Aber was konnte er als einzelner schon ausrichten? Es war ein so großer Auftrag neben einem so kleinen Leben! War er nicht wirklich ein Narr, wenn er alleine gegen die vernichtende Macht des Todes ankämpfen wollte? Aber wenn er schon ein Narr sein sollte, so wollte er doch ein Narr aus Liebe sein! „Sie brauchen einen", dachte er, „der ihr Dunkel liebend teilt und ihre Last trägt, um alles Tote in ihrem Dasein in neue Lebensmöglichkeiten zu verwandeln."

So machte er sich auf den Weg zu den Menschen und schuf dem Leben Raum an Stellen, an denen andere schon längst vor der Herrschaft des Todes zurückgewichen waren. Erstarrte weckte er auf, den ruhelos Suchenden eröffnete er neue Ziele und Wege, die Einsamen beschenkte er mit neuer Gemeinschaft. Er heilte Kranke, tröstete Trauernde und befreite Menschen aus Schuld, Angst, Hoffnungslosigkeit und Verzweiflung.

Schon bald erkannten die Menschen in jenem seltsamen alten Mann, der dennoch so jung zu sein schien, längst vergessene Träume vom Leben. Als sie ihn eines Tages fragten, woher er seine Lebendigkeit schöpfe, antwortete er: „Jugend und Lebendigkeit sind keine Frage des Alters, sondern der Sehnsüchte und Hoffnungen. Jedes Menschenkind kommt mit einem Traum im Gepäck auf diese Erde. Wenn es diesem Traum treu bleibt, dann schenkt er ihm immer frische Lebenskraft, die nötig ist, damit dieser Sehnsucht in der sichtbaren Welt Gestalt verliehen werden kann. Ich bin als Clown geboren, ein Kind des Regenbogens, und mein Traum mahnt und fordert mich, dafür Sorge zu tragen, daß alle Menschen wirklich glücklich werden."

Als er dies sprach, beschrieb er mit seiner Hand einen Halbkreis, und bald schillerte an dieser Stelle ein Regenbogen in der Luft, dessen warmes Leuchten die Menschen so umfing, daß sie sich vom liebevoll glühenden Lebenslicht unendlicher Lebendigkeit umschlossen und behütet fühlten. Eine jede Träne schien in einen Sonnenstrahl verwandelt zu sein, die Trauer war in Freude verkehrt und die beängstigende Macht des Todes gebrochen. Sie sahen ihr Leben in einem ganz neuen Licht, und dieses Leuchten voller Energie und Liebe lockte sie, das Leben als ein einziges, großes Fest zu feiern.

Nach einer Weile erlosch dieses Licht, und sie fanden sich in ihrer Wirklichkeit wieder. Aber etwas war anders geworden: Es schien ihnen, als ob das Licht in ihrem Innern weiterglühe. Auch der Regenbogen war nicht mehr so klein wie zuvor, sondern gewachsen und spannte sich nun wie eine riesenhafte Brücke aus Licht in den Himmel, die in sieben Farben schimmerte.

Was war eigentlich geschehen?

„Um diesen Bogen, diese Brücke aus Licht zu schaffen", erklärte ihnen der Clown, „habe ich zweierlei benötigt: mein Lebenslicht und die Tränen eures Leidens. Ein Beispiel habe ich euch gegeben, damit ihr davon lernt. Immer wenn der Himmel gleichzeitig lacht und weint, steht ein solcher Bogen in den Wolken als eine Brücke aus siebenfarbigem Licht. So wie Sonne und Regen zueinander gehören, so gehören auch das Lebenslicht des einen und die Tränen des anderen zusammen. Immer wenn Menschen ihr Lachen mit dem Weinen anderer verbinden, wächst eine buntleuchtende Brücke zwischen ihnen, die das dunkle Tal der Tränen überspannt.

Tief in euren Herzen wohnt das Licht des Lebens, eine Kraft, die ihr für unsichtbar haltet. Erst wenn es sich in der Wirklichkeit des Alltags bricht, entfalten sich die vielen Farben, die es aufbewahrt."

Die Worte des Clowns aber waren voller Wahrheit, Kraft und Leben. Sie bewegten die Menschen und drangen tief in ihre Herzen. Ganz langsam fanden sie ihre Lebensfreude wieder und lernten neu zu lachen. Es war keine oberflächliche Heiterkeit, sondern ein Lachen von großer Tiefe, das Schmerzen und Leiden kannte und zugleich von einem unbeirrbaren Vertrauen ins Leben getragen war.

Der letzte Clown aber blieb nicht der einzige Nachfahre seines Volkes. Er wurde zum Stammvater einer neuen Menschheit, und nach ihm gab es noch viele Kinder des Regenbogens, die sein Geheimnis weitertrugen. Sie wurden immer dort geboren, wo Menschen sich von der Not anderer anrühren ließen. Denn nur die Liebe ist eine Antwort auf das Leiden, und wo immer das Lebenslicht durch Tränen gebrochen wird, entfaltet es erst richtig seine Kraft und erwacht zu neuem bunten Leuchten und Leben.

Mit Kindern den Karfreitag gestalten

Auch Kinder begegnen schon früh Leiden, Tod und Sterben. Sie erleben den Tod eines nahen Verwandten, eines gleichaltrigen Schulfreundes oder eines Tieres, das sie sehr lieb hatten. Sie leiden, wenn Familien auseinanderbrechen und ihre Eltern sich scheiden lassen. Fragen erwachen in den kleinen Herzen: Wo ist Opa? Was ist jetzt mit Tom? Kriegt mein Hund im Himmel Flügel?

Die Karwoche bietet eine gute Gelegenheit, mit Kindern darüber ins Gespräch zu kommen. Haben Sie keine Angst davor, Ihre Erfahrungen mit den Kinder zu teilen. Sie werden sehen, wie sehr solche Gespräche ihr Familienleben bereichern. Wichtig ist nur, wenn sie mit Kindern über Leiden und Tod sprechen, deutlich zu machen, daß unser Leben zwar immer bedroht, aber letztlich doch nicht zu besiegen ist.

Besuchen Sie zum Beispiel mit Ihren Kindern eine Kirche, entdecken Sie miteinander die Bilder der Kreuzwegstationen und gestalten Sie anschließend gemeinsam Ihren eigenen Familienkreuzweg. Vielleicht feiern Sie auch als Familie eine der Kreuzwegandachten mit, die in vielen Kirchen am Morgen des Karfreitag speziell für Kinder gestaltet werden. Dort kommt die Geschichte Jesu zur Sprache, sein Weg durch Leiden und Tod zur Auferstehung. Die Erfahrung zeigt, daß solche Erlebnisse die Kinder dazu anregen, auch ihre eigenen Fragen und Hoffnungen zu formulieren. Oder machen Sie einmal einen Spaziergang mit den Kindern über den Friedhof. Gerade die Gräber können helfen, den Kindern eine Antwort darauf zu geben, welche Hoffnung uns eigentlich bewegt. Ein kleiner Junge erzählte einmal anläßlich eines solchen Friedhofspaziergangs, er habe Oma besucht. Die sei dort eingesät worden. Dieses Kind hatte das Einpflanzen von Blumenzwiebeln mit dem Begräbnis seiner Oma in Verbindung gebracht und damit seiner Hoffnung Ausdruck gegeben, daß Oma nicht ein für allemal tot ist, sondern jetzt eine blühende Zukunft in einem anderen Leben bei Gott vor sich habe.

Eine weitere Möglichkeit besteht darin, mit den Kindern ein Familienkreuz aus einfachen Holzteilen zu basteln. Alle Fragen und Sorgen, die Sie als Familie bewegen, werden nun auf Zettel notiert und an das Kreuz geheftet. Anschließend greift einer der Erwachsenen die Themen auf und erzählt als erster davon, wie er einmal eine schwierige Zeit erfuhr und wieder zum Leben gefunden hat. Die Kinder werden spontan mit ihren Erfahrungen darauf antworten. Ein solches Gespräch gewinnt schnell an Tiefe und hilft den Kindern, neues Vertrauen ins Leben zu fassen. Das Kreuz sollte unbedingt bis zum Ostertag aufbewahrt werden. Es ist ein schönes Zeichen, wenn Sie gemeinsam die Sorgenzettel mit dem Feuer der Osterkerze verbrennen als Ausdruck des Vertrauens darauf, daß Gott alles Tote in neues Leben verwandeln wird.

Das Kreuz des Lebens

Die nachfolgende Übung sollten Sie an einem ungestörten Ort durchführen. Sie benötigen lediglich eine doppelt gelegte Wolldecke und etwa 15 Minuten Zeit.

Ziehen Sie dazu Ihre Strümpfe aus und stellen Sie sich barfuß auf die Decke. Die Füße stehen parallel, etwa hüftbreit auseinander.

Und nun: Stellen Sie sich! Schließen Sie Ihre Augen und beginnen Sie, in Ihren Körper zu spüren, denn er ist es wert, daß Sie ihm Ihre Aufmerksamkeit schenken. Richten Sie Ihre Wahrnehmung zunächst auf Ihre Schultern ... Sind sie angespannt ... oder gelöst? Vielleicht ist es hilfreich, wenn Sie sich vorstellen, Gewichte an Ihren Hände zögen Ihre Schultern ein wenig nach unten Richtung Boden ... Spüren Sie dann Ihren Bauch ... Machen Sie sich auch hier bewußt, ob er angezogen ist ... oder sich frei ausdehnen darf ... Spüren Sie einige Zeit Ihrem Atem im Bauch nach ... Dann wenden Sie sich Ihrem Gesicht zu ... stellen Sie es sich vor Ihrem inneren Auge vor ... mit ganz entspannten, gelösten Zügen ...

Und nun gehen Sie mit Ihrer ganzen Aufmerksamkeit zu Ihren Fußsohlen ... Spüren Sie, daß Sie Grund unter den Füßen haben ... und nehmen Sie die Berührungsflächen mit dem Boden bewußt wahr ... Nehmen Sie immer intensiver Kontakt auf mit dem Boden ... mit der Erde ... die Sie trägt ... Stellen Sie sich vor, aus Ihren Fußsohlen wüchsen Wurzeln tief in den Boden hinein ... Sie sind immer mehr verwurzelt ...

So wie Sie an der tiefsten, erdverbundensten Stelle, Ihren Füßen, Kontakt zur Erde wahrnehmen ... spüren

Sie jetzt in Ihre höchste, mit Luft und Himmel in Berührung stehende Körperstelle, den Scheitel des Kopfes, hinein ... Stellen Sie sich vor, ein dort befestigter Faden würde Sie ein wenig nach oben herausziehen ... Sie stehen gerade, aufgerichtet ... nach oben strebend ...

Spüren Sie diese zwei Pole, in die Sie eingespannt sind ... Füße und Scheitel ... Erde und Himmel ... Körper und Geist ...

Nehmen Sie nun langsam Ihre gestreckten Arme seitlich hoch ... waagerecht zum Boden ... Drehen Sie Ihre Handflächen dann behutsam nach oben ... und spüren Sie hinein in diese Haltung ... Ihre ausgestreckten Arme symbolisieren Ihr Wirken in der Welt ...

Sie stehen nun in einer Haltung, die einem Kreuz gleicht ... Nehmen Sie wahr, welche Gefühle in Ihnen aufsteigen ... Schauen Sie dem Geschehen einfach zu ... Erleben Sie es, etwa zwei bis drei Minuten im Kreuz zu stehen ... geerdet ... aufgerichtet ... ausgerichtet ... wirkend in der Welt ... Himmel und Erde zu gleichen Teilen verbunden ...

Führen Sie dann Ihre Arme langsam wieder zurück ... und legen Sie sich zum Nachspüren mit dem Rücken auf die Decke.

Wir Menschen

sind doppelten Ursprungs,

unendlichen und endlichen,

himmlischen und irdischen Ursprungs.

Karlfried Graf Dürkheim

Wie das Leben
durch die Welt wanderte

Eines Tages begab sich das Leben auf die Wanderschaft durch die Welt. Es ging und kam zu einem
Menschen. Der hatte so geschwollene Glieder, daß er
sich kaum rühren konnte.

„Wer bist du?" fragte der Mann. „Ich bin das Leben."
„Wenn du das Leben bist, so kannst du mich vielleicht
gesund machen", sprach der Kranke. „Ich will dich hei-
len", sagte das Leben. „Aber du wirst mich und deine
Krankheit bald vergessen." „Wie könnte ich", rief der
Mann aus. „Gut. Ich will in sieben Jahren wiederkom-
men", meinte das Leben. Es bestreute den Kranken mit
Staub vom Wege. Kaum war das geschehen, ward der
Mann gesund.

Dann zog das Leben weiter und kam zu einem Leprakranken. „Wer bist du?" fragte der Mann. „Ich bin das Leben." „Das Leben?" sagte der Kranke. „Da könntest du
mich ja gesund machen." „Das könnte ich", erwiderte
das Leben. „Aber du wirst mich und deine Krankheit
bald vergessen." „Ich bestimmt nicht", versprach der
Kranke. „Nun, ich will in sieben Jahren wiederkommen",
sprach das Leben. Es bestreute den Mann mit Staub vom
Wege, und der Kranke ward sogleich gesund.

Wieder begab sich das Leben auf die Wanderschaft.
Nach vielen Tagen kam es schließlich zu einem Blinden.
„Wer bist du?" fragte der Blinde. „Das Leben." „Ach, das
Leben!" rief der Blinde erfreut. „Ich bitte dich, gib mir
mein Augenlicht wieder!" „Das will ich tun. Aber du wirst
mich und deine Blindheit bald vergessen." „Niemals",
widersprach der Blinde. „Nun gut, ich will in sieben Jah-

ren wiederkommen", sagte das Leben, bestreute den Blinden mit Staub vom Wege, und der Mann konnte wieder sehen.

Als sieben Jahre vergangen waren, zog das Leben wieder in die Welt. Es verwandelte sich in einen Blinden und ging zuerst zu dem Menschen, dem es das Augenlicht wiedergegeben hatte. „Bitte, laß mich bei dir übernachten", bat das Leben. „Was fällt dir ein?" schrie der Mann es an. „Siehst du", sagte das Leben. „Vor sieben Jahren versprachst du, deine Blindheit und mich niemals zu vergessen." Und von Stund an wurde dieser undankbare Mensch wieder blind.

Dann ging das Leben weiter. Es verwandelte sich in einen Leprakranken und gelangte zu dem Menschen, den es vor sieben Jahren geheilt hatte. „Pack dich", schrie der Mann es an. „Siehst du", sagte das Leben. „Vor sieben Jahren hast du versprochen, mich und deine Krankheit nie zu vergessen." Im selben Moment ward der garstige Mann wieder von der Leprakrankheit befallen.

Mit geschwollenen Gliedern besuchte es schließlich jenen Mann, den es vor sieben Jahren zuerst geheilt hatte. „Könnte ich bei dir übernachten?" fragte ihn das Leben. „Gern. Komm nur weiter", lud der Mann es ein. „Einst hatte ich ebensolche geschwollenen Glieder. Gerade ist es sieben Jahre her, als das Leben hier vorüberkam und mich heilte. Damals sagte es, daß es nach sieben Jahren wiederkommen wolle. Warte hier, bis es kommt. Vielleicht wird es auch dir helfen." „Ich bin das Leben", sagte das Leben. „Du bist der einzige von allen, der weder mich noch seine Krankheit vergessen hat. Deshalb sollst du auch immer gesund bleiben."

Ein afrikanisches Märchen

Schöpferisch leben

oder

Den Wandel wollen

Aufstand des Lebens gegen den Tod

Ostern ist das älteste Fest der Christen. Sein Name stammt noch aus der germanischen Vorzeit. Vermutlich war Ostern das Fest der Frühlingsgöttin Ostara, möglicherweise aber auch einfach das Frühlingsfest, an dem man das neue, aus dem Osten aufsteigende Licht der Sonne feierte. Sicher ist jedenfalls, daß Ostern schon seit jeher am Sonntag nach dem ersten Vollmond nach Frühlingsanfang gefeiert wird, also zu einem Zeitpunkt, an dem sich die Natur spürbar neu belebt.

Alle Bräuche, die sich um das Osterfest herum gebildet haben, spielen auf dieses Thema an. Den Sieg des Lichts über das Dunkel symbolisiert die Osterkerze, die in der Nacht zum Ostersonntag in den Gottesdiensten der katholischen Kirchen am Osterfeuer entzündet und deren Licht mit kleineren Osterkerzen von den Kirchen mit nach Hause genommen wird – als Zeichen für Jesus von Nazaret, das neue Licht, das sich verzehrt und der Welt so neues Leben schenkt.

Ein anderes uraltes Sinnbild ist das gefärbte Osterei. In früheren Zeiten war der Genuß von Eierspeisen während der Fastenzeit streng verboten. Zugleich waren die Eier aber ein wesentlicher Teil der Natursteuern, die schon während des Mittelalters am Donnerstag vor Ostern abgeliefert werden mußten. Das letzte Ei, das die Bauern dabei dem Grundherrn überreichten, war rot gefärbt. Hier liegt wohl auch die Geburtsstunde des Osterhasen. Der Hase nämlich war das Symbol des Schuldners, der an Ostern von seiner Schuld freikam. Mit der Zeit änderte sich das Verhältnis von Bauern und Grundherrn, und die Natursteuer wurde nicht mehr erhoben. Der Brauch, Eier zu färben und zu verschenken aber hielt sich ebenso lebendig wie die Erinnerung an den Hasen, der diese Gaben bringt. Nur wurde dieser Brauch jetzt anders gedeutet. Das rote Ei galt als Symbol der Liebe Christi und erinnerte so an das Wunder des neuen Lebens, das die Schale des Grabes sprengt.

Das christliche Osterfest vereint alle diese Bräuche in sich, schließt aber inhaltlich vor allem an das jüdische Passah-Fest an und kommt damit zu einem völlig neuen Verständnis des aufbrechenden Lebens. Es führt die Wiederkehr des Lebens nicht einfach auf einen automatischen Kreislauf zurück, sondern auf den schöpferisch-phantasievollen Lebenswillen Gottes selbst, der die Welt von allen tödlichen Mächten zum Leben befreien will. Die Geschichte des Volkes Israel erzählt davon. Immer wieder hat Gott dieses Volk aus toten Punkten zur Erfahrung neuen Lebens geführt. In völlig einzigartiger Weise erzählt aber auch die Geschichte des Jesus von Nazaret davon, den Gott vom Tod erweckte. Deshalb ist Ostern nicht einfach eine Naturerscheinung oder ein Frühlingsfest. Ostern ist der Aufstand Gottes gegen den Tod, der die belebende Hoffnung schenkt, daß Trauer und Tränen, Krisen und Katastrophen nicht das letzte Wort behalten. Vielmehr ist der lebensfreundliche Gott, der in leidenschaftlichem Engagement für das Leben kämpft, die Grundkraft der Welt. Diesen Gott neu zu entdecken und sich von seiner Kraft und Lebenssehnsucht verwandeln zu lassen, dazu lädt Ostern ein – damit auch wir phantasievoll und schöpferisch leben als Lebendige.

Von Raupen und Schmetterlingen

Da war einmal ein guter Mensch, den jammerte das Gewürm der Raupen, wie sie sich Stunde um Stunde mit ihren Stummelbeinen vorwärts plagten, ihr Fressen suchten, mühselig die Stengel erkletterten, um mit dem Möhrenkraut ihren Wanst vollzustopfen – keine Ahnung von der Sonne und dem Regenbogen nach dem Gewitter, kein Ohr für die Musik der Grillen und der Nachtigallen.

Und er dachte sich: „Wenn die wüßten, was da einmal wird, sie würden viel froher leben. Sie würden erkennen, daß ihr Leben nicht nur aus Fressen besteht, daß der Tod nicht das Letzte ist. Und er begann, sich eine frohe Botschaft an die Raupen zu überlegen. „Seht", sagte er, „ich verkünde euch eine frohe Botschaft. Ihr werdet einmal frei sein von diesem Gekrabble um das Fressen. Ihr werdet eure Schwerfälligkeit verlieren und auffliegen wie eine Feder. Seht doch dieses grenzenlose Blau des Himmels. Ihr werdet Blüten finden, duftende Blüten, und ihr werdet den Nektar saugen – glücklich und mühelos."

Und der gute Mensch wurde traurig. Die Raupen hörten ihn nicht. Ja, natürlich, sie konnten ihn nicht verstehen. Und er überlegte: Wenn er selbst eine Raupe würde, wenn er all sein Anderssein ablegte? Und er fing ganz klein an, damit sie nicht gleich Angst bekämen vor einer Super-Raupe. Und er lebte lange mit ihnen bei ihrem beschwerlichen Tagwerk von Möhrenstengel zu Möhrenstengel. Endlich schien die Zeit gekommen, und er fing wieder an mit seiner frohen Botschaft. Aber weil er nun eine Raupe geworden war, hatte er ein neues Problem: Er konnte das Zukünftige, das Schmetterlinghafte, in der Raupensprache nicht mehr ausdrücken, und er suchte Vergleiche zu finden. „Es wird sein wie auf einem Feld voller Möhrenkraut…" Und die Raupen nickten und dachten ans endlose Fressen, an ein Schlaraffenland, und er versuchte von neuem ihren Raupenhorizont aufzubrechen.

„Wahrhaftig, glaubt mir doch, euer Puppensarg ist nicht das Letzte. Euch werden Flügel wachsen. Ihr werdet leicht werden wie der Frühdunst und aufsteigen in den Himmel, und eure Schwingen werden leuchten wie Gold und Edelstein." Aber sie nahmen ihn nicht an. „Geh mit deinem Märchen. Du hältst uns nur vom Fressen ab. Geh, du Spinner…"

Und sie rotteten sich zusammen, um ihn lächerlich zu machen und ihn auszuschalten.

Wie schwer ist es, den Raupen das Schmetterlinghafte zu künden – es ist so unvorstellbar anders, so unvorstellbar frei und schön…

Josef Gräf

Ostern in der Familie feiern

Feiern Sie Ostern einmal anders. Wandern Sie mit Ihrer Familie in den Ostermorgen und die aufgehende Sonne hinein. Den ruhigen Karsamstag können Sie zu den Vorbereitungen nutzen. Während einige Familienmitglieder etwa handtellergroße Schmetterlinge aus Papier ausschneiden, bereiten die anderen das Osterfrühstück vor, backen ein Osterlämmchen (Rezepte dazu finden sich in jedem Backbuch), gestalten den Tischschmuck oder basteln eine Osterkerze, indem sie eine selbstgegossene oder gekaufte Kerze mit österlichen Zeichen und Symbolen verzieren.

Am Abend des Karsamstag heißt es dann, früh zu Bett zu gehen – jedenfalls wenn sie nicht die Osternachtsmesse in der Kirche mitfeiern wollen. An Ostern stehen Sie deutlich vor Tag auf und machen sich als Familie auf den Weg in Richtung Sonnenaufgang. Versuchen Sie, die erste Zeit im Dunkeln ganz still zu sein und bewußt zu erleben, wie es langsam dämmert und schließlich das Licht des Ostermorgens die Nacht durchbricht. Wenn der Sonnenball rotglühend sichtbar wird, halten Sie kurz an und lesen die Geschichte von den Schmetterlingen vor. Jedes Familienmitglied erhält nun einen der vorbereiteten Schmetterlinge, auf den es einen Wunsch notieren darf, wie das Leben als Familie auch über Ostern hinaus lebendiger und phantasievoller gestaltet werden soll. Diese Schmetterlinge sollten unbedingt zum Bestandteil des österlichen Tischschmucks werden, damit die guten Wünsche Ihre Osterzeit wirklich begleiten können.

Während noch über die Wünsche nachgesonnen wird, kann ein Erwachsener kleine Osternester und bunte Eier in der Umgebung verstecken, die anschließend gemeinsam gesucht werden. Besonders schön und spannend wird das für die Kinder, wenn sie nicht nur Eier finden, sondern auch die eine oder andere Einladung für Familienerlebnistage im Wald, Zoo, einem Freizeitpark oder an einem anderem Ort. Damit es während der Suche nicht zu Rivalitäten kommt, empfiehlt es sich übrigens, jedem Kind eine bestimmte Ecke zuzuteilen.

Inzwischen werden Sie alle Appetit auf das große Osterfrühstück haben, zu dessen Beginn ein Familienmitglied das Osterevangelium vorträgt. Vielleicht mögen Sie als Familie mit einem Osterlied darauf antworten. Noch während des Frühstücks oder direkt danach könnte Zeit sein, um einige Eierspiele aufzugreifen. Das bekannteste ist wohl das Eierticken: Zwei Spieler nehmen je ein Osterei, stoßen Spitze gegen Spitze, um möglichst das Ei des anderen anzuticken. Der Sieger erhält als Preis das Ei des Mitspielers. Beliebt ist auch das Eierrollen: Alle Spieler lassen jeweils ein Osterei einen Hügel oder ein schräggestelltes Brett hinunterkullern. Derjenige, dessen Ei dabei am weitesten kommt, darf alle übrigen Eier aufsammeln.

Zum guten Schluß: Viele Gemeinden feiern am Ostermorgen besonders schön gestaltete Familiengottesdienste, in denen die Ostereier und das Osterbrot gesegnet werden. Der Besuch eines solchen Gottesdienstes könnte Ihren Ostermorgen krönen. Und nun: Frohe Ostern.

Un(d)endlich leben

In einem Lagerschuppen nahe einem Garten lebte einmal eine zufriedene und bequeme Tulpenzwiebel. Vielleicht wäre sie dort alt geworden, wenn sie der Gärtner nicht eines Tages ergriffen hätte, um sie einzupflanzen.

„Es ist an der Zeit", sagte er zu ihr. „Heute ist die Stunde für dich gekommen, das Leben kennenzulernen."

„Deine rätselhaften Worte machen mir Angst", entgegnete die Tulpenzwiebel mit zitternder Stimme. „Das Leben zu lernen scheint mir nicht so verheißungsvoll zu sein, wie du es sagst. Es ist so ungewiß, was aus mir werden wird. Stimmt es denn, daß man in die tiefe dunkle Erde muß und ganz schmutzig wird? In dem Lagerschuppen, in dem ich bisher lebte, war alles sauber. Ich war bei meinen Freunden und fühlte mich geborgen."

„Du wirst dein Leben in dieser sauberen, wohlbehüteten Umgebung nicht finden. Du wirst dich auf die Suche machen müssen, sonst vertrocknest du zu einer alten, dürren Zwiebel. Das Leben würde nie in dir aufbrechen, wenn du so bleiben willst, wie du jetzt bist. Du wirst es nur finden, wenn du bereit bist zu wachsen."

„Aber wenn du mich eingräbst, dann sterbe ich", wehrte sich die Tulpenzwiebel immer noch.

„Was heißt schon sterben", entgegnete der Alte. „Du siehst es nur von einer Seite. Aus dem Dunkel der Erde wächst dein neues Leben. Du stirbst nicht, du wirst verwandelt. Je mehr du deine alte Gestalt aufgibst, desto mehr kann eine neue geboren werden, die dir selbst und den Menschen gefallen wird. Werde die, die du wirklich bist!"

„Das klingt fremd für mich, Gärtner: Werde die, die du wirklich bist? Ich bin doch schon jemand, eine Tulpenzwiebel."

„In dir steckt noch viel mehr, als du jetzt zu sehen vermagst. Du darfst nicht glauben, daß das, was du noch nicht erkennen kannst, deshalb nicht vorhanden sei. Alles Sichtbare wächst aus dem Verborgenen. Du bist ein Same voll blühender Zukunft, voll unendlicher Lebensmöglichkeiten, die tief verborgen in dir schlafen und nur darauf warten, geweckt zu werden."

„Aber ist das Licht der Sonne denn nicht genug, um meine Lebenskraft zu wecken? Warum muß ich das Dunkel und die Schwere der Erde ertragen?"

„So einfach, wie du denkst, ist es mit dem Leben nicht", erklärte ihr der alte Gärtner. „Manches, was dir heute weh tut und als Unglück erscheint, kann morgen dein Glück bedeuten. Nicht nur das Licht der Sonne fördert unser Leben, sondern auch die dunklen Stunden. Widerstände und Hindernisse fordern und fördern unsere Fähigkeiten und unsere Lebensenergie auf ihre ganz eigene Weise und helfen uns zum Wachsen und Reifen, wie nur sie es vermögen."

Nachdem er dies gesagt hatte, grub der alte Gärtner ein Loch und pflanzte die Tulpenzwiebel ein. Kurze Zeit sah sie noch einen Lichtpunkt über sich, dann aber umgab sie undurchdringliche Finsternis. Die lange, beschwerliche Zeit des Wachsens begann.

„Jetzt ist es bald zu Ende mit mir", jammerte die kleine Tulpenzwiebel. „Es hätte so schön sein können, aber nun vergeht mein Leben in der Erde!" Und sie schien sogar Recht zu haben. Denn ihre Gestalt veränderte sich mehr und mehr. Sie war nicht länger eine glatte, wohlgeformte Zwiebel, sondern begann runzelig und schrumpelig zu werden. Aber sie bemerkte auch, wie sich tief in ihr etwas regte und bewegte, von dem sie nicht sagen konnte, was es war. Dieses Gefühl in ihrem Innern versetzte sie für viele Wochen in unbekannte Unruhe. Nach langen, traurig-düsteren Tagen durchfuhr sie ein heftiger Schmerz, als ob eine Lanze sie aus ihrer Mitte heraus durchbohre. Diese Wunde eröffnete ihr einen neuen Lebensraum. Der Panzer ihres bisherigen Lebens war durchbrochen. An die Stelle abgrundtiefer Finsternis trat wenig später taghelles, wärmendes Licht: Ihr erster Trieb hatte nämlich die Zwiebelschale und den Erdboden durchdrungen. Das flimmernde Sonnenlicht, ein erfrischend prickelnder Luftzug und das vielstimmige Lied der Vögel umwarben sie nun.

„Das also meinte der Gärtner", dachte die heranwachsende Blume. „Wachstum betrifft das ganze Wesen. Mein äußeres Wachsen ist ein Gleichnis für etwas noch Größeres und Schöneres, das tief innen in meiner Mitte beginnt und dann die Schale durchbricht, damit sich der Kern, mein eigentliches Wesen, entfalten kann."

Sanft streichelten die Sonnenstrahlen den hellgrünen Trieb, der sich wohlig räkelte und unter den Zärtlichkeiten der Sonne wuchs. Es tat ihm gut, daß die Sonne ihn einfühlsam zum Leben lockte, ganz wie es seiner Kraft entsprach. Mit der Zeit bildete sich am Schaft des Triebes eine Verdickung. Die Blüte reifte und reifte.

„Noch lebst du nur für dich selber und verwendest deine ganze Kraft auf die Entfaltung deines Wesens", erklärte ihr der Gärtner. „Aber bald wirst du ganz offen sein für das Lächeln der Sonne, für die Schmetterlinge, für den Wind und den Regen. Du wirst Farbe und Duft und Freude in die Welt tragen, um diesen Garten für alle lebendiger und bunter zu machen. Dann wirst du blühen, kleine Blume, und es wird keine einzige Blume im großen Garten geben, die so ist wie du."

„Es bereitet sich schon vor", flüsterte die Knospe. „Es ist, als ob sich in mir Schale um Schale schöbe. Aber nicht so wie in der Zwiebel. Die Schalen fühlen sich viel zarter und verletzlicher an, wie Schmetterlingsflügel. Wann ist der Tag gekommen, an dem ich meine Knospe öffnen muß?"

„Du mußt soweit in den Himmel hineinwachsen, wie du in die Tiefe der Erde verwurzelt bist. Dann ist deine Stunde gekommen. Du wirst es spüren."

Bald würde das Knospengehäuse zu klein sein für die Blüte. Ihre Blätter begannen schon, sich auszuspannen und auszudehnen. Die erwachende Tulpe versuchte, ihre Blütensegel wie Flügel zu weiten. Aber noch waren sie im Dunkel ihrer Knospe gefangen und mußten mit aller Kraft drängen, um die behütende Knospe aufzubrechen. Das war nicht leicht. Jeder Riß in der Schale schmerzte ein wenig. Bald aber strömte helles Sonnenlicht durch die ersten Risse, und wenig später begrüßte die junge Tulpe noch etwas zerknittert den sonnigen Tag.

Langsam und vorsichtig tastend streckte sie ihre rotgelben, seidenen Blätter dem Licht entgegen. Sie ließ sich von der angenehmen Wärme durchströmen bis in die letzten Fasern. Ein unbekanntes Glücksgefühl durchzitterte sie, und sie empfand sich zum ersten Mal als ganz frei.

Sie fühlte sich so leicht wie das Licht und zugleich so schwer wie die Erde und spürte, daß beides – Himmel und Erde – als eine große Wirklichkeit zusammengehören.